QUESTIONNAIRE

DES EXAMENS DES

ASPIRANTS AU GRADE D'OFFICIER

DANS LA

RÉSERVE DE L'ARMÉE ACTIVE

ET DANS

L'ARMÉE TERRITORIALE

d'après les programmes officiels

DU MINISTÈRE DE LA GUERRE

Par A. DUBOIS

CAVALERIE — ARTILLERIE

TRAIN D'ARTILLERIE — TRAIN DES ÉQUIPAGES

PARIS

LIBRAIRIE ANDRÉ SAGNIER

9, RUE VIVIENNE, 9

LIBRAIRIE HACHETTE ET Cie, 79, BOULEVARD SAINT-GERMAIN

1875

Tous droits réservés.

PRIX : 1 FRANC.

Franco par la poste, 1 fr. 25.

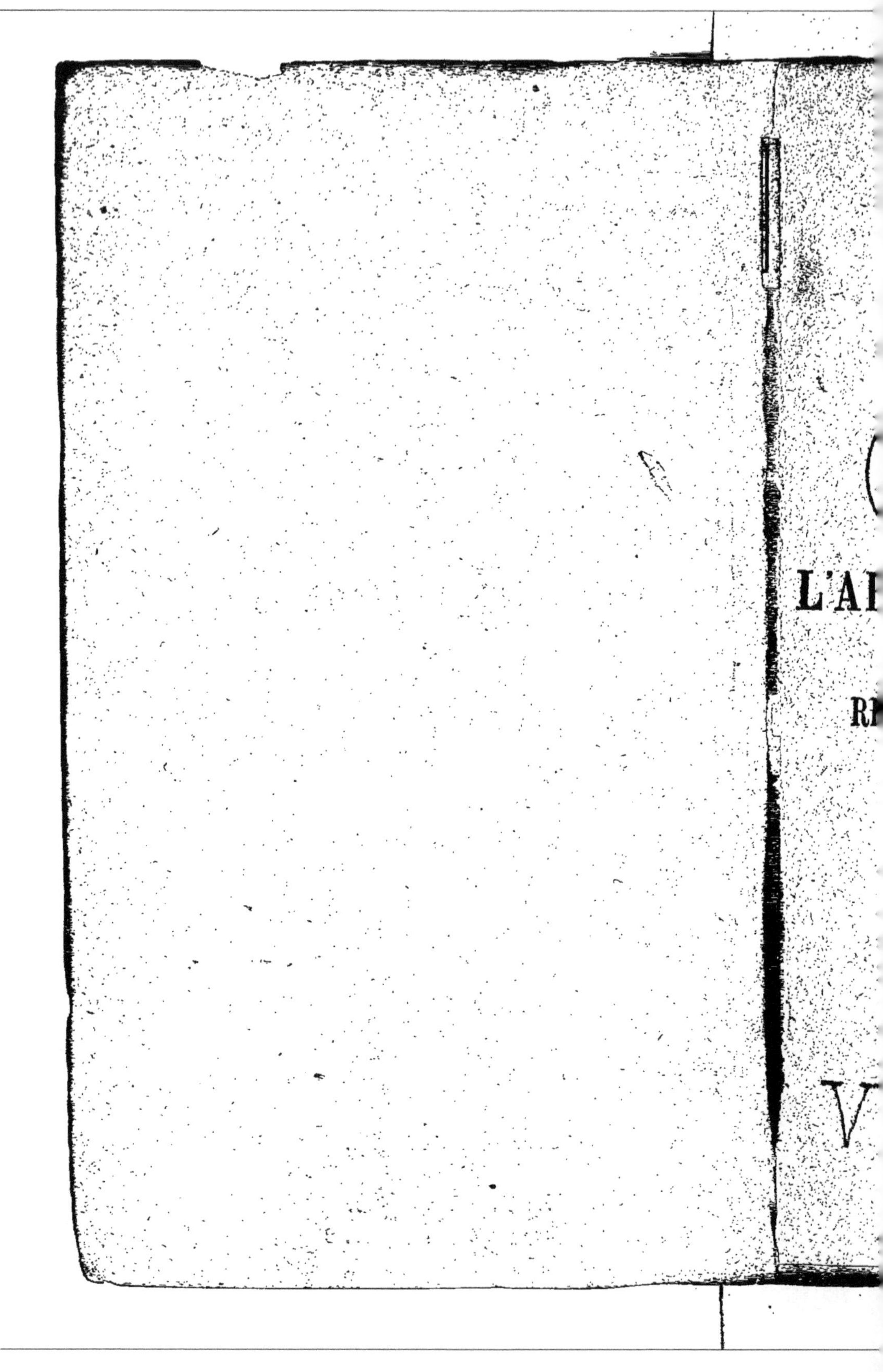
L'AI
RF
V

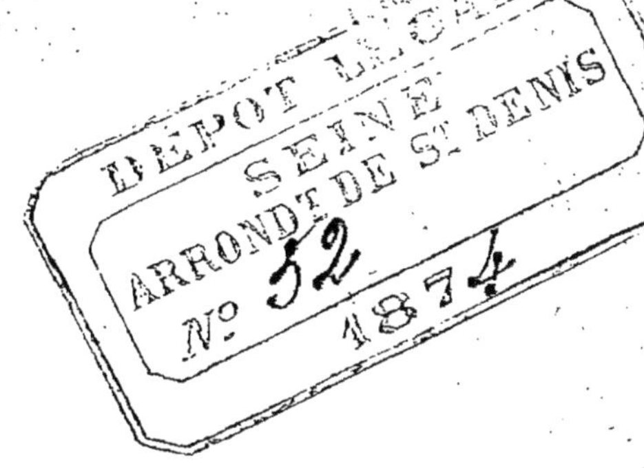

QUESTIONNAIRE DES EXAMENS

DE

L'ARMÉE TERRITORIALE

ET DE LA

RÉSERVE DE L'ARMÉE ACTIVE

SAINT-DENIS. — IMPRIMERIE J. PROCHIN

QUESTIONNAIRE

DES EXAMENS DES

ASPIRANTS AU GRADE D'OFFICIER

DANS LA

RÉSERVE DE L'ARMÉE ACTIVE

ET DANS

L'ARMÉE TERRITORIALE

d'après les programmes officiels

DU MINISTÈRE DE LA GUERRE

Par A. DUBOIS

CAVALERIE — ARTILLERIE

TRAIN D'ARTILLERIE — TRAIN DES ÉQUIPAGES

PARIS

LIBRAIRIE ANDRÉ SAGNIER

9, RUE VIVIENNE, 9

LIBRAIRIE HACHETTE ET Cie, 79, BOULEVARD SAINT-GERMAIN

1875

AVERTISSEMENT

—

La loi du 24 juillet 1873 sur l'organisation générale de l'armée a décidé (article 31) que « les anciens sous-officiers de la « réserve et les engagés conditionnels « d'un an, munis du brevet de sous-officier, « peuvent *après examen déterminé par le* « *ministre de la guerre,* être promus au grade « de sous-lieutenant dans l'armée territo- » riale, au moment où ils passent dans la- « dite armée, conformément à la loi du 27 « juillet 1872. »,

En outre, l'article 41 de la même loi

porte : « Les officiers de la garde natio-
« nale mobile, qui sont assujettis par leur
« âge à servir dans la réserve de l'armée
« active, pourront, provisoirement *et à la*
« *condition de satisfaire à un examen qui*
« *sera déterminé par un règlement du mi-*
« *nistre de la guerre*, recevoir un brevet de
« sous-lieutenant à titre auxiliaire dans
« la réserve de l'armée active... Les offi-
« ciers, sous-officiers et soldats de la
« garde nationale mobile et des corps mo-
« bilisés qui, en raison de leur âge, ne
« sont pas classés dans la réserve de l'ar-
« mée active, pourront, transitoirement,
« et *à la condition de satisfaire à un examen*
« *qui sera déterminé par un règlement du mi-*
« *nistre de la guerre*, être admis dans les
« cadres de l'armée territoriale. »

Un règlement du ministre de la guerre,
en date du 24 juin 1874, a déterminé le
programme de l'examen dont il est ques-
tion dans les deux articles cités.

Le programme est divisé en deux parties.

La première partie porte sur les connaissances générales professionnelles exigées de tous les candidats. Ces connaissances sont relatives : 1º au service des places ; 2º au service en campagne ; 3º à la fortification ; 4º à la topographie ; 5º à l'artillerie ; 6º à l'administration et à la législation.

La deuxième partie porte sur les connaissances spéciales exigées des candidats, selon l'arme à laquelle ils se destinent. — Les armes prévues sont : l'infanterie, la cavalerie, l'artillerie, le train d'artillerie et le train des équipages.

Il y a un double examen : le premier oral, et le second pratique.

Pour la cavalerie, l'examen oral comporte des parties du service en campagne, du service intérieur, des manœuvres à pied et à cheval, plus quelques notions d'hippologie. — L'examen pratique consiste : 1º à savoir monter à cheval ; 2º à commander sur le terrain l'école du cavalier et l'école de peloton sans détailler ; 3º à remplir les fonctions de chef de peloton à l'école d'escadron.

Pour l'artillerie, l'examen est différent, suivant que le candidat se propose pour la réserve de l'armée active ou pour l'armée territoriale. Il comprend, dans l'un et l'autre cas, des parties du service en campagne, du service intérieur, des manœuvres à pied, des manœuvres à cheval, de celles des batteries attelées. — L'examen pratique consiste : 1º à savoir monter à cheval ; 2º à commander sur le terrain, sans détailler, l'école du cavalier et du peloton à pied, l'école du canonnier à cheval, l'école de section ; 3º à remplir les fonctions de chef de section à l'école de batterie ; 4º à commander et diriger l'exécution et le tir des bouches à feu, et les mouvements du matériel.

Pour le train d'artillerie et le train des équipages, il y a peu de différence avec les parties précédentes dans l'examen oral.

Chacun de ces examens comprend un supplément pour les aspirants au grade de capitaine dans l'armée territoriale. Le supplément porte une augmentation des connaissances nécessaires sur le service intérieur et sur les manœuvres.

———

C'est pour répondre aux différentes parties du programme du 26 juin 1874 que le Questionnaire que nous offrons aujourd'hui au public a été composé. Notre but a été de condenser en quelques pages les principales questions qui peuvent être adressées aux candidats officiers par les commissions d'examen, et de leur permettre de se soumettre eux-mêmes à un interrogatoire préliminaire.

Nous avons suivi pied à pied le programme, et nous avons apporté le plus
grand soin à n'en négliger aucune partie.
Notre but sera rempli, si notre travail est
utile aux candidats.

                                    A. D.

NOTA. Pour suivre ce Questionnaire et tous les cours
de préparation aux examens, voir le **Programme offi-**
ciel des connaissances exigées des candidats au grade de
sous-lieutenant à titre auxiliaire dans la réserve de
l'armée active, et des candidats aux grades de sous-
lieutenant, de lieutenant et de capitaine dans l'armée
territoriale. (Brochure in-12. Prix : 25 centimes.)

PREMIERE PARTIE

CONNAISSANCES GÉNÉRALES

PROFESSIONNELLES

Le questionnaire suivra exactement l'ordre des divisions du programme officiel. Celui-ci comprend six parties :

1º Règlement sur le service des places ;

2º Règlement sur le service en campagne ;

3º Fortification ;

4º Topographie ;

5º Artillerie ;

7º Administration et législation.

I

Règlement sur le Service des Places.

Le règlement sur le service des places a été arrêté par un décret du 13 octobre 1863. Les examens comportent l'étude des chapitres VI à XIII du titre III; XXXV à XXXVIII et XLII du titre VII.

TITRE III

Chap. VI. — **Rapports avec les commandants des troupes.** — Quelle est l'autorité du commandant de place pour le service général? — A qui revient la surveillance de l'intérieur des casernes? — Le commandant de place peut-il s'immiscer dans l'administration des corps de troupe? — Sous quelle forme le commandant de place transmet-il ses demandes aux commandants de corps? — Au nom de qui une réquisition est-élle formulée? — Quels rapports sont dus par les chefs de corps au commandant de place? —

Qu'entend-on par situation des troupes, rapport des mutations, rapports quotidiens, billets d'appel? — Par qui doivent être visées les permissions accordées aux hommes par les chefs de corps?

Sous quelle forme les commandants de place envoient-ils leurs ordres aux chefs de corps? — Les chefs de corps peuvent-ils être appelés chez le commandant de place, et dans quelles circonstances? — Quelles sont les fonctions des adjudants de place, quand on a besoin inopinément d'un détachement.

Снар. VII. — **De l'arrivée des troupes et de leur établissement dans la place.** — Quels sont les devoirs généraux d'un commandant de place avant l'arrivée d'une troupe? — Que doit faire le commandant de place : 1º Quand la troupe qui arrive doit être logée dans le casernement; — 2º Quand elle doit être logée chez l'habitant? — Quelles précautions doivent être prises dans ce dernier cas?

Où a lieu la visite d'une troupe qui arrive, par les préposés de la douane? — Que fait le chef de corps pour la visite de la douane : 1º Pour l'infanterie; — 2º Pour la cavalerie; — 3º Dans les corps qui ont un matériel de voitures.

Que doit faire le commandant de place au moment de l'arrivée des troupes dans la place? — Comment et où communique-t-il aux arrivants les ordres de place? — Que fait le sous-intendant à l'arrivée des troupes?

Les troupes fournissent-elles des gardes le jour de leur arrivée? — Dans quelles circonstances la cavalerie peut-elle être obligée d'en fournir?

Qu'entend-on par visite des casernes et des logements chez l'habitant, après l'arrivée des troupes? — Que font les commandants de corps et les officiers, dans le cas du logement chez l'habitant?

CHAP. VIII. — **Service des troupes dans les places.** (Art. 48 à 68.) — Quel est le classement des jours de service de l'infanterie dans les places? — Qu'entend-on par service des détachements, des gardes de la place, des gardes d'honneur, des rondes, des corvées, des détachements en mer?

Comment sont commandés les travaux pour construction de routes, canaux, ports, etc.? — Combien de temps ce travail dure-t-il?

Comment les corps en garnison dans une place concourent-ils pour les différents tours de service? — Comment sont formés les détachements commandés pour marcher? — Quels sont les officiers placés à leur tête? — De qui le commandant reçoit-il les ordres?

Combien de temps durent les gardes de la place? — Comment fixe-t-on la force des postes? — Quelle est la règle qui détermine le nombre d'hommes à fournir par chaque corps aux gardes de la place? — Quand et comment le commandant de place fixe-t-il le service que chacun des corps doit fournir? — Les gardes de police sont-elles comprises dans le service de la place? — Quels sont les devoirs des gardes de police? — Sous quelle surveillance les gardes de police sont-elles placées? — Comment répartit-on les postes entre les différents corps de la place? — Par qui et comment les postes sont-ils commandés suivant leur importance?

Quand commence le service des plantons et ordonnances? — Combien de temps dure-t-il? — Quelle est la tenue des plantons?

Comment les gardes d'honneur sont-elles commandées? — Sont-elles soumises aux consignes générales? — A qui ces gardes doivent-elles les honneurs militaires?

Par qui les rondes sont-elles ordonnées? — De quelle manière le service des rondes est-il commandé? — Qu'entend-on par travaux de la place, corvées de la place? — Par qui et comment ces tours de service sont-ils commandés? — Qu'entend-on par détachement en mer?

Qu'est-ce que le piquet? — Comment forme-t-on le piquet?— Quand est-il réuni?—Les hommes qui forment le piquet peuvent-ils sortir de la caserne? — Comment les officiers s'assurent-ils de la présence du piquet? — Sous quelle dénomination le piquet marche-t-il?

Quelles sont les règles générales à observer pour commander le service dans les corps? — Comment organise-t-on le service des officiers? — Les officiers peuvent-ils changer entre eux leur tour de service ? — Quels sont les officiers exemptés du service de place ? — Comment les sous-officiers et les caporaux concourent-ils pour le service de place ? — Quels sont les sous-officiers exemptés du service de place ? — Comment et par qui le service de place est-il organisé pour les simples soldats ? — De quelle manière les tambours et clairons sont-ils commandés pour le service de place ? — Quel est le rôle des soldats d'élite dans les postes ? — Y a-t-il une distinction, pour le service de place, entre les soldats de 1re et de 2e classe ?

CHAP. IX. — **De la parade et de l'ordre.** — Qu'est-ce que la parade ? — **A** quelle heure a-t-elle lieu ? — Où a-t-elle lieu dans les diverses circonstances ? — Quelle est la tenue des gardes montantes à la parade ? — Comment et dans quel ordre les gardes sont-elles conduites à la parade ? — Quelle est la fonction des adjudants de place à la parade ? — Quels sont les officiers qui y assistent ? — Comment les troupes défilent-elles ?

Qu'est-ce qu'un ordre de place ? — De quelle

manière est-il transmis à la parade ? — A qui les adjudants de place communiquent-ils par écrit les ordres qui les concernent ?

Chap. X. — **Du service des gardes dan. eurs postes.** — Les règles sont-elles les mêmes pour les postes de cavalerie et pour ceux d'infanterie ? — Quels sont les devoirs d'un chef de poste à l'arrivée de la garde montante ? — Quelle est la manière de former une garde ? — Qu'entend-on par divisions dans une garde ? — Quelle est la place des officiers chefs de poste et de ceux qui ne commandent pas dans une garde ? — Quelle est la place du sergent ou du caporal chef de poste ? — Comment relève-t-on la garde ? — Comment la remise du service est-elle faite par la garde descendante ? — Comment la garde montante prend-elle possession du corps-de-garde ? — Comment relève-t-elle les sentinelles ? — Comment la garde descendante se retire-t-elle ?

Qu'entend-on par consignes générales et par consignes particulières ? — Où affiche-t-on les unes et les autres ? — Qu'entend-on par consignes provisoires? — Par qui les consignes provisoires sont-elles données? — Les officiers de place peuvent-ils se faire communiquer les consignes? — Comment le peuvent-ils?

Quel est le premier devoir d'un chef de poste? — Comment le chef de poste organise-t-il le service? — Un chef de poste peut-il s'absenter, quitter sa tenue? — Où prend-il ses repas? — Comment surveille-t-il les hommes du poste et s'assure-t-il qu'ils remplissent leurs devoirs? — Comment le chef de poste reçoit-il le mot? — Que doit-il faire dans le cas où il aurait à diriger la nouvelle garde vers le poste? — Dans quelle tenue les hommes de garde doivent-ils faire un service extérieur commandé? — Qu'entend-on par garde principale? — La garde de la place a-t-elle le pas sur la garde de police?

Comment surveille-t-on la tenue des hommes de garde? — A quelle heure ceux-ci peuvent-ils prendre le bonnet de police?

Quels sont les rapports des postes avec les autorités publiques? — Quel est leur rôle pour l'arrestation des malfaiteurs? — Dans quelles circonstances doivent-ils la protection aux personnes ?—Que doit faire le chef de poste, quand des agents de police lui amènent des personnes arrêtées ? — Quelle précaution doit prendre un chef de poste, quand il a arrêté une personne sur la demande d'un tiers ? — Où conduit-on les individus arrêtés ? — Que fait le chef de poste pour les individus arrêtés pendant la nuit ? — Que fait-on pour les gens ivres ? — Quelle conduite le chef de poste doit-il tenir, quand une arrestation donne lieu à un rassemblement ?

Quelle est la responsabilité d'un chef de poste relativement au maintien de l'ordre public ?— De quelle peine est-il passible, quand il ne se rend pas aux réquisitions de l'autorité ?

Quel est le devoir d'un chef de poste, quand des rixes s'élèvent dans un établissement public ? — Dans quelles circonstances la garde peut-elle entrer dans ces établissements ? — Quand peut-elle entrer dans les maisons particulières ?

A quelles règles le chef de poste doit-il se conformer pour conduire des personnes arrêtées ou pour faire escorter des prisonniers ? — Quelle est la composition d'une escorte ? — Comment choisit-on les hommes qui forment l'escorte ? —

Dans quel ordre une escorte marche-t-elle ? — Les escortes peuvent-elles s'arrêter pendant leur trajet ? — Quel est l'effectif des escortes ? — Que fait un chef de poste, en cas d'évasion d'un prisonnier ?

En cas d'alarme, que doit faire le chef de poste ? — Quel est son devoir vis-à-vis des rassemblements ? — Que doit faire le chef de poste, lorsqu'il est attaqué ? — Que doivent faire les postes de simple police urbaine ?— Dans quel cas les postes peuvent-ils faire usage de leurs armes ?

Qu'entend-on par coffre à cartouches ?—Quelles sont les précautions prises relativement au coffre à cartouches ? — Par qui les coffres à cartouches doivent-ils être surveillés ?

Quels sont les devoirs particuliers du chef de poste en cas d'incendie ? — Y a-t-il des devoirs spéciaux pour les chefs des postes placés aux portes d'une place ? — Quels sont ces devoirs ? — Quel est le rôle des chefs de poste vis-vis des portiers-consignes ? — A qui les chefs de poste interdisent-ils la sortie de la place ? — Que doit faire le chef de poste des portes les jours de marché ou d'encombrement aux entrées de la ville ? — Comment fait-on entrer dans une place les troupes de la garnison qui en sortent ou celles qui y arrivent ? — Que fait le chef de poste avancé vis-à-vis des déserteurs étrangers ?

Quelles sont les règles relatives à l'ouverture et à la fermeture des portes des places de guerre ? — A quelles heures ont lieu la fermeture et l'ouverture ? — Où dépose-t-on les clefs des portes ? — Quelles sont les prescriptions particulières à suivre pour l'ouverture et la fermeture des portes, en temps de guerre ?

Qu'entend-on par rapport de poste ? — Quels sont les faits qui doivent être mentionnés dans ces rapports ? — Où le rapport est-il adressé ?

Quelles sont les punitions qui peuvent être infligées par les chefs de poste ? — A qui rend-on compte des fautes graves commises par les hommes de garde ?

Quel est, dans un poste, le service du sergent de garde ? — Quels sont les services des caporaux de garde ? — Quand un caporal est chef de poste, peut-il s'adjoindre un soldat pour la pose des sentinelles ? — Qu'entend-on par caporal de consigne? — Que fait le caporal de consigne en prenant possession du poste? — Quelle est la responsabilité du caporal de consigne? — Par qui les corvées sont-elles faites dans un poste? — Qu'est-ce que le caporal de pose? — Quelle est sa responsabilité? — Quelles sont les fonctions du caporal de pose? — Quelles sont les factions confiées aux anciens soldats, et celles confiées aux jeunes soldats? — Quelle est la tenue des sentinelles sous les armes?

A quels intervalles de temps relève-t-on les sentinelles? — De quelle manière le caporal de pose relève-t-il les sentinelles? — Dans quel ordre les sentinelles sont-elles relevées? — Qu'entend-on par sentinelles d'augmentation? — Quel est le devoir des sergents et des caporaux détachés d'un poste?

Quels sont les devoirs généraux des sentinelles? — Quelle doit être leur tenue vis-à-vis des officiers, suivant leur grade? — Combien les sentinelles ont-elles d'alertes? — Que fait la sentinelle quand elle aperçoit un incendie; — quand elle entend du bruit? — Comment les sentinelles rendent-elles les honneurs? — Qu'est-ce

que la sentinelle devant les armes ? — Quelles
sont ses fonctions ? — Quels sont les devoirs
des sentinelles pendant la nuit ? — Quels sont
les devoirs particuliers des sentinelles placées
devant les magasins à poudre et à fourrage ; —
sur les remparts ?. — Comment les sentinelles
placées sur le terre-plein des remparts rendent-
elles les honneurs ?

Quels sont les devoirs particuliers des sentinelles devant les portes ? — Comment font-elles
passer les voitures ? — Quels sont les devoirs
des sentinelles à l'avancée ; — des sentinelles
des gardes de police ? — Que doit faire une sentinelle lorsqu'elle est insultée ?

CHAP. XI. — **Du mot et de la retraite.** —
Qu'est-ce que le mot d'ordre et le mot de ralliement ? — Par qui le mot est-il donné ? — Comment le mot est-il envoyé aux chefs de poste ?—
Comment le mot est-il envoyé aux autorités ci-
viles et militaires ?

Qu'est-ce que la retraite ? — A quelle heure
est-elle battue ? — Par qui sont réglées les heu-

res de la retraite ? — De quelle manière la retraite s'opère-t-elle ?

CHAP. XII. — **Des patrouilles, des rondes
et de la visite des postes.** — Qu'est-ce
qu'une patrouille ? — Quand les patrouilles sont-
elles faites ? — Dans quel ordre marchent-elles ?
— Par qui sont-elles ordonnées ? — Qu'est-ce
que les marrons des patrouilles ? — Où sont-
ils déposés ? — Quels sont les devoirs des chefs
de patrouille ? — Que font-ils, quand ils enten-
dent du bruit ou aperçoivent un incendie ? —
Quelles personnes les patrouilles peuvent-elles
arrêter ? — De quelle manière les sentinelles et
les postes reconnaissent-ils les patrouilles ? —
Quels sont les hommes du poste qui accompa-
gnent les patrouilles ? — Que fait une sentinelle,
quand une patrouille ne s'arrête pas à son injec-
tion ? — Quels sont les devoirs de deux patrouilles, quand elles se rencontrent ?

Quel est le devoir d'une sentinelle, quand une
troupe armée passe à sa portée pendant la
nuit ? — Comment les troupes qui sortent d'une
caserne, pendant la nuit, doivent-elles marcher ?

2

Qu'est-ce que le service de ronde ? — Par qui le service de ronde est-il organisé ? — Par qui les services de ronde sont-ils faits ? — Combien y a-t-il d'espèces de ronde? — Quelles sont-elles? Quelle est la composition des escortes des rondes ? — Quels sont les devoirs des officiers et des sous-officiers de rondes ? — Quels faits doivent-ils mentionner dans leurs rapports ?

Comment les sentinelles devant les armes reconnaissent-elles les rondes ?—Quelle est la manière de reconnaître par les postes les différentes rondes ? — Que doivent faire deux rondes quand elles se rencontrent ?

Qu'est-ce que la visite des postes ? — Qu'entend-on par officier supérieur de jour ? — Comment et par qui la visite des postes est-elle organisée ?—Quelle est la manière de reconnaître les officiers supérieurs de jour ? — Quels sont les devoirs à remplir par les officiers supérieurs de jour?

Le service des rondes, des visites de postes, hôpitaux, prisons, etc., dispense-t-il les officiers et sous-officiers du service ordinaire ?

CHAP. XIII. — **De la police militaire dans les places.** — Qu'est-ce que la police militaire? — Par qui est-elle exercée? — Quel est ie devoir de la police militaire pour le port de l'uniforme? — Par qui est réglée l'uniformité de la tenue? — Quel est le devoir de la police militaire relativement aux maisons de jeu; — aux cabarets; — aux filles publiques?

Par qui les troupes peuvent-elles être consignées dans la place, ou dans les casernes?— Le chef de corps peut-il consigner des troupes au quartier?—Par qui est ordonnée l'assemblée des troupes hors des casernes? — Comment rassemble-t-on pendant le jour les troupes d'un même corps? — Comment l'assemblée se fait-elle pendant la nuit? — Les troupes en marche peuvent-elles se laisser couper?

Qu'est-ce que l'alarme? — Comment l'alarme est-elle annoncée?—Quels sont, à la générale, les devoirs des sous-officiers et des soldats? — Dans quelles circonstances le commandant de place peut-il faire battre la générale?

Qu'entend-on par limites de la garnison? — A

quelle distance de la place les limites de la garnison sont-elles placées ?

Quels sont les devoirs des officiers et des fonctionnaires, suivant leur grade, à leur arrivée dans une place ? — Quels sont, dans les mêmes circonstances, les devoirs des militaires de tous grades ?

Par qui les permissions pour s'absenter de la place sont-elles accordées ? — Que font les chefs de service, quand ils s'absentent ? — Comment les permissions pour travailler en ville sont-elles délivrées aux soldats ? — Quelle disposition le commandant de place doit-il prendre pour procurer aux officiers l'abonnement au spectacle ?— Quelle est la police des cantiniers dans les casernes ? — Quels sont les devoirs des chefs de corps et des commandants de place vis-à-vis des déserteurs ? — Quel est le rôle du commandant de place dans la police des distributions aux troupes ? — Comment les distributions se font-elles pour les divers corps d'une garnison ?

TITRE   VII

CHAP. XXXV. — **Honneurs militaires.** — Qu'est-ce que les visites de corps ? — Par qui et à qui sont-elles dues ? — Comment les visites de corps sont-elles faites ?—Dans quelle tenue sont-elles faites ? — Quels sont les devoirs d'un corps de passage dans une place ?

CHAP. XXXVI. — **Honneurs à rendre par les troupes.** — Quels sont les honneurs rendus par les troupes au Saint-Sacrement ?—Comment les troupes en marche échangent-elles les honneurs ? — Comment une troupe en marche rend-elle les honneurs à un poste ? — Quels sont les honneurs à rendre par les troupes aux drapeaux et étendards ?

CHAP. XXXVII. —**Honneurs à rendre par les postes, gardes et piquets.** — Comment la garde rend-elle les honneurs au Saint-Sacrement ; — aux ministres, maréchaux, troupes en armes ; — aux cardinaux, généraux de division,

2.

vice-amiraux, archevêques, évêques ; — aux généraux de brigade et contre-amiraux ; — aux majors généraux de la marine, commandants de place ; — aux préfets ? — Comment les gardes de police rendent-elles les honneurs aux chefs de corps ? — Comment les piquets, gardes d'honneur, troupes en armes, rendent-ils les honneurs ?

CHAP. XXXVIII. — **Honneurs à rendre par les sentinelles, plantons, etc.** — A qui les sentinelles présentent-elles les armes ? — A qui les portent-elles ? — Quand les sentinelles restent-elles immobiles sous les armes ? — De quelle manière les plantons et ordonnances rendent-ils les honneurs militaires ?

CHAP. XLII. — **Saluts.** — A qui et par qui le salut militaire est-il dû ? — Quels sont, au point de vue du salut, les priviléges de la gendarmerie ?

II

Règlement sur le Service en campagne.

Le service en campagne a été réglé par l'ordonnance du 3 mai 1832. — Les examens comportent l'étude des titres I à III, V à X, XII à XV et XVIII.

TITRE Ier. — Droit au Commandement.

Comment se fait la transmission d'un commandement en cas de mort, de rappel, de démission ou d'absence du titulaire ? — Les officiers étrangers peuvent-ils exercer le commandement d'un corps d'armée ? — Dans quels cas peuvent-ils commander dans une place forte ?— Les officiers étrangers peuvent-ils commander des détachements de troupes françaises ? — Quels sont les officiers considérés comme Français ? — Quelles sont les dispositions applicables aux corps indigènes ? — Quels sont les droits respectifs des commandants de détachements d'infanterie et de cavalerie réunis ?

TITRE II. — Bases du Service intérieur en campagne.

Les règles ordinaires sur le service intérieur des troupes sont-elles applicables en campagne ? — Quelles sont les fonctions des officiers de semaine, en campagne ? — Quel titre leur donne-t-on ? — Dans quelles circonstances remplace-t-on le service de semaine par un service de jour ?

Par qui sont fixées les heures de service en campagne ? — Quelles sont les principales corvées d'intérieur ? — Comment fait-on les gardes montantes, les assemblées, la retraite ? — Combien fait-on d'appels quotidiens en campagne ? — Comment ces appels sont-ils faits ? — Quelles inspections fait-on aux divers appels ?

Comment les ordinaires sont-ils formés en campagne ?—Quelles dispositions prend-on pour cantonner ; — pour aller à l'eau ?

Où résident les officiers supérieurs, quand un régiment est divisé ? — Par qui les fonctions de major sont-elles remplies dans les bataillons de guerre ? — Comment organise-t-on les ouvriers hors rang ?— Quelles sont les fonctions du maître-armurier ?

Quelles mesures doit-on prendre pour la conservation des armes et des munitions ? — A qui les demandes de munitions doivent-elles être adressées ?

Comment fait-on observer les punitions en campagne ?— Dans quels cas consigne-t-on au poste avancé de la garde de police ?

TITRE III. — Des Camps et des Cantonnements.

Qu'est-ce qu'un camp ?— Qu'appelle-t-on cantonnement, campement ? — Comment un général détermine-t-il le choix d'un camp ?

Comment compose-t-on le campement d'un régiment ? — De quelle manière réunit-on le campement ? — Quels sont les devoirs de l'adjudant-major de campement ? — Quels travaux fait-il exécuter ? — Qu'entend-on par guides et par sauvegardes ? — Quel est leur rôle ?

Comment les ordres sont-ils donnés avant l'établissement du camp? — Quel est le but de l'ordre général préliminaire? — Comment l'ordre est-il transmis? — Que fait un régiment en prenant possession de son camp? — Comment réunit-on les corvées?

Comment trace-t-on un camp? — Quelles sont les règles pour les dimensions du camp?—Comment détermine-t-on la grandeur des baraques, et comment les dispose-t-on? — Les officiers peuvent-ils s'établir dans les maisons?

Comment établit-on les communications entre deux camps?— Comment le travail est-il réparti pour les communications?

Qu'est-ce qu'un bivouac? — Comment établit-on les bivouacs? — Comment cantonne-t-on l'infanterie dans les villages? — De quelle manière en sauvegarde-t-on la sûreté?

Quelles mesures de précaution prend-on dans les cantonnements?—De quelle manière établit-on les cantonnements après une campagne ou un armistice?— Par qui les emplacements à occuper sont-ils indiqués?

TITRE V. — **Du Mot d'Ordre.**

Qu'est-ce que le mot ? — De combien de parties se compose-t-il ? — Qu'entend-on par mot d'ordre ; — par mot de ralliement ? — Par qui est arrêtée la série des mots d'ordre et de ralliement ?—Comment sont-ils transmis ?—Comment détermine-t-on les mots d'ordre et de ralliement dans les corps détachés ; — dans les places fortes ?

Comment le mot est-il donné dans les régiments ? — Comment le mot est-il transmis aux grand'gardes et aux postes ?— Que doit-on faire, lorsque le mot d'ordre est perdu ou supposé tombé entre les mains de l'ennemi ?

TITRE VI. — **De l'ordre à observer pour commander le service.**

Comment le service est-il organisé dans les divisions et dans les brigades ? — Par qui et comment les ordres sont-ils transmis ?

Combien distingue-t-on de tours de service ?

— Que comprend le premier tour ; le second tour ; le troisième tour ? — Dans quel ordre marchent les officiers, sous-officiers et soldats pour les différents tours de service ? — Dans quel ordre le service est-il commandé pour les différents tours ? — Dans quelle tenue les soldats vont-ils aux travaux hors du camp. — Comment remplace-t-on un officier absent ou malade, pour un tour de service ? — Quand dit-on que le service est censé fait pour les premier et deuxième tours ; — pour le troisième tour ? — Qu'entend-on par tour de service à reprendre ? — Dans quel cas ne reprend-on pas les tours de service ? — Quel est, pour le service, le privilége d'un capitaine commandant un bataillon par intérim ?

TITRE VII. — De la garde de police et du piquet.

Qu'entend-on par garde de police dans un régiment campé ? — Comment la garde de police est-elle formée ? — Par qui la garde de police est-elle commandée ? — Comment forme-t-on le poste avancé ? — Dans quel cas un régiment forme-t-il deux gardes de police ? — Par qui sont-elles commandées ? — Comment la garde de police est-elle formée dans les bataillons détachés ?

Quels sont les devoirs du commandant de la garde de police ? — Quels honneurs la garde de police rend-elle ? — Combien la garde de police d'un régiment de deux bataillons fournit-elle de sentinelles ? — Où place-t-on les sentinelles de la garde de police ? — Quelles sont les consignes particulières des gardes de police ?—Quels sont les devoirs du capitaine de la garde de police, à la retraite ? — Quels sont ceux du sergent ? — Que fait, au réveil, le commandant de la garde de police ?

Qu'entend-on par poste avancé de la garde de police ? — Comment ce poste est-il formé ? — Combien le poste avancé fournit-il de sentinelles ? — Quelles sont les règles spéciales de surveillance du poste avancé ? — Quelles sont les consignes particulières des sentinelles du poste avancé ? — Qu'entend-on par postes détachés ? — De quelle manière sont-ils organisés ?

3

Que fait la garde de police, quand le régiment se met en marche ? — Comment organise-t-on la garde de police à l'arrivée du campement ? — Comment le poste avancé de la garde de police marche-t-il avec le régiment ? — Où place-t-on les hommes punis de prison ?

Qu'est-ce que le piquet ? — Comment organise-t-on le service du piquet ? — De quelle manière le piquet est-il composé dans un régiment ; — dans un bataillon détaché ?—Comment et quand réunit-on le piquet ? — Où place-t-on le faisceau des armes du piquet ? — Quand le piquet prend-il les armes ? — Quels appels fait-on pour le piquet ? — Comment le piquet marche-t-il pendant la nuit ? — Comment organise-t-on le piquet au bivouac ?

TITRE VIII. — Des Grand'Gardes et autres Postes extérieurs.

Qu'entend-on par grand'garde ? — Par qui le nombre, la force et le placement des grand'gardes sont-ils déterminés ? — D'après quelles règles les grand'gardes sont-elles organisées ? —

Quelles sont les considérations accessoires qui peuvent guider dans la formation des grand'gardes ?

A quels officiers la surveillance du service des grand'gardes est-elle spécialement confiée, dans un corps d'armée ; — dans un détachement isolé ? — Quel est le rôle des officiers d'état-major dans le placement et la surveillance des grand'gardes ? — Comment les grand'gardes montent-elles ? — Quand doit-on doubler les postes des grand'gardes ? — Par qui les grand'-gardes sont-elles, la première fois, conduites à leur destination ? — Quelles sont les règles pour relever les grand'gardes ? — Comment place-t-on les grand'gardes ? — Établit-on des postes intermédiaires entre les grand'gardes et le camp ? — Dans quels cas ces postes sont-ils né-cessaires ? — Par qui les postes intermédiaires doivent-ils être fournis ? — Les grand'gardes sont-elles retranchées ? — Par qui les consignes des grand'gardes sont-elles vérifiées ?

Quels sont les soins des commandants des grand'gardes ? — Qu'entend-on par postes avan-cés ou petits postes ? — Comment ces postes sont-ils placés ? — Sous quelle direction les petits postes sont-ils mis ? — Qu'entend-on par sentinelles avancées des petits postes ? — Comment les petits postes communiquent-ils entre eux ?

Comment le mot d'ordre est-il transmis aux grand'gardes ? — Que doit faire le commandant d'une grand'garde quand le mot d'ordre est égaré ? — Quelles sont les principales consignes générales des grand'gardes ? — Quand les gardes extérieures prennent-elles les armes ? — Dans quelles circonstances les petits postes rendent-ils les honneurs ? — De qui les grand'-gardes reçoivent-elles leurs consignes ?—Quand les commandants des grand'gardes doivent-ils rendre compte de leurs consignes ?

Où place-t-on les sentinelles et vedettes des grand'gardes ? — Quelles précautions doit-on prendre pour le placement des sentinelles ? — Quels sont les devoirs de la sentinelle, quand elle est attaquée ? — Quelles mesures le commandant des grand'gardes doit-il prendre pour tenir ses hommes sur pied pendant la nuit ? — Comment les rondes sont-elles reconnues par les sentinelles avancées ? — Quelles précautions faut-il prendre lorsque les soldats n'ont pas l'habitude de la guerre ? — Qu'entend-on par sentinelles volantes ? — Quels sont les devoirs des commandants de grand'gardes vis-à-vis de leurs sentinelles ?

Quelles mesures de précaution les grand'-gardes doivent-elles prendre pendant la nuit ?— Par qui le nombre et la marche des patrouilles et des rondes sont-ils réglés ? — Comment les patrouilles doivent-elles être dirigées au point du jour ? — Comment les chefs de patrouille établissent-ils leurs rapports ? — Par qui les postes peuvent-ils être mis en mouvement ?

Comment les grand'gardes se comportent-elles à l'égard de leurs feux de nuit ? — Comment reçoivent-elles pendant la nuit les troupes qui se présentent à un poste ? — Quelles sont les règles à suivre pour recevoir les parlementaires ennemis ? — Dans quel cas peut-on retenir un parlementaire ? — Comment reçoit-on les déserteurs ennemis ? — De quelle manière le commandant des grand'gardes les fait-il surveiller ?

Quelle est la conduite à tenir par une grand'-garde en cas d'attaque de l'ennemi ? — Que fait-elle lorsqu'elle a une position à défendre ?

Qu'entend-on par poste retranché ? — Dans quelles conditions peut-on établir un retranchement ? — Quelles sont les règles de conduite du commandant d'un poste retranché ? — Que doit-il faire, lorsqu'il lui est impossible de défendre le poste qui lui est confié ?

TITRE IX. — Des Détachements.

Comment forme-t-on les détachements ? — De quels éléments les forme-t-on ? — Quelles sont les circonstances qui déterminent le tour de service dans les détachements ?— Que fait-on pour les hommes employés à un autre service quand ils sont appelés pour faire partie d'un détachement ? — Comment les officiers supérieurs d'un régiment marchent-ils avec des détachements ? — Par qui les détachements formés de fractions de divers régiments sont-ils commandés ? — Conserve-t-on le rang des régiments et des brigades dans les détachements ? — Comment un détachement est-il commandé, quand son chef n'a pas été désigné ? — Quand un officier d'état-major peut-il avoir le commandement d'un détachement ?

Comment règle-t-on le commandement, quand deux ou plusieurs détachements se rencontrent ? — Qu'arrive-t-il quand un détachement entre dans un poste occupé par d'autres troupes ?

Qu'appelle-t-on détachements mixtes ? — Quel est l'ordre de la marche dans ces sortes de détachements ? — Comment partage-t-on le service entre l'infanterie et la cavalerie ?

Quelle est l'autorité des commandants de détachements, et comment doivent-ils rendre leurs comptes ?

TITRE X. — Des Reconnaissances.

Qu'entend-on par reconnaissances ? — Que est l'objet des reconnaissances journalières ? — Comment règle-t-on le service des reconnaissances journalières ? — Quelle en est la composition ? — Quelles sont les précautions à observer dans les reconnaissances ? — Que doit faire le commandant d'une reconnaissance, quand il rencontre l'ennemi? — Sous quelle forme les reconnaissances font-elles leurs rapports?

TITRE XII. — Des Marches.

Quelles sont les dispositions générales à prendre par un corps d'armée pour se mettre en marche? — Qu'entend-on par avant-garde; — par arrière-garde? — Quelle est l'utilité de l'une et de l'autre?

Quelles sont les batteries et les sonneries usitées pour le départ? — Quand bat-on la générale? — Comment les batteries d'artillerie marchent-elles? — Comment les équipages marchent-ils? — Quelle surveillance est exercée pendant la marche?

Quels sont les lieux de rassemblement en marche? — Comment les troupes se groupent-elles en rassemblement? — De quelle manière l'ordre de départ est-il organisé? — Que fait-on quand l'officier général ou supérieur n'est pas à la tête de sa troupe au moment du départ?

Quelles sont les fonctions des sapeurs en tête

des colonnes ? — Sous quelle direction sont-ils placés ? — Par qui les routes sont-elles jalonnées ? — Quelles sont les règles de police à observer dans les marches ? — Quelles mesures prend-on pour faire rejoindre les traînards ?

TITRE XIII. — Instruction sommaire pour les combats.

Quels sont les devoirs des officiers et sous-officiers pendant le combat ? — Quelle est la conduite à tenir à l'égard des blessés ; — des prisonniers ?

TITRE XIV. — Des Convois et de leur Escorte.

Quel est l'objet des convois ? — Combien distingue-t-on de sortes de convois ? — Comment calcule-t-on la force et la composition de l'escorte d'un convoi ? — Quel est le rôle de la cavalerie dans l'escorte d'un convoi ? — Comment un officier général organise-t-il un convoi ?

3.

Quelle est l'autorité du commandant d'un convoi ? — A qui appartient-elle ? — Comment divise-t-on les convois considérables ? — Quel est l'ordre des divisions d'un convoi ? — Où place-t-on les voitures des cantiniers ?

Quels sont les renseignements à prendre pour assurer la marche d'un convoi ? — Quelles dispositions doit-on prendre pour la marche et pour la défense ? — Que fait-on lorsque le derrière du convoi est menacé ? — Lorsque les flancs sont menacés ? — Que fait-on pour les voitures cassées ? — Comment les convois par eau sont-ils escortés ?

Comment organise-t-on les haltes des convois et les parcs pour la nuit ?—Que fait le commandant d'un convoi, lorsque l'ennemi est signalé ? — Comment organise-t-il la défense des voitures ? — Quel est le rôle des tirailleurs pour défendre les convois ?

TITRE XV. — Des Distributions.

Dans quel ordre les corps en campagne reçoivent-ils leurs distributions ? — Qu'entend-on par capitaine de distributions ? — Quelles sont les fonctions du capitaine de distributions ?—Quelles sont les prescriptions relatives à la vente et au rachat des rations ?

Quels sont les devoirs des capitaines de distributions relativement aux approvisionnements des hôpitaux et des ambulances ?—Comment les réquisitions sont-elles organisées quand les magasins ne sont pas fournis ?

TITRE XVIII. — **Des Sauvegardes.**

Qu'entend-on par compagnie de sauvegardes ? — Comment ces compagnies sont-elles composées ? — Quelles sont les attributions des officiers et gendarmes de ces compagnies ? —Qu'entend-on par sauvegardes-provisoires ? — A qui sont-elles données ?

Comment remplace-t-on les sauvegardes ? — Comment les rappelle-t-on ? — Les sauvegardes peuvent-elles employer le concours des habitants ?—Quelles sont les rétributions des sauvegardes ? — Quelle en est la police ?—Qu'entend-par sauvegardes écrites ?

III

Fortification.

OBJET DE LA FORTIFICATION EN GÉNÉRAL. —
DÉFINITIONS.

Qu'est-ce que la fortification ? — Quel en est l'emploi, quand on est sur l'offensive ou sur la défensive ? — Quelles conditions doivent remplir les fortifications, pour être efficaces ? — Qu'entend-on par fortification naturelle et par fortification artificielle ; — par fortification permanente et par fortification passagère ?

Fortification permanente. — Quelle est la nature de la fortification permanente ? — Qu'entend-on par parapet, talus d'escarpe, contrescarpe ? — Qu'est-ce qu'une enceinte continue ?

Qu'entend-on par front de fortification ? — Qu'est-ce que le corps de place ? — Qu'entend-on par front bastionné ? — Qu'est-ce que le fossé ; — le chemin couvert ; — le glacis ? — Qu'entend-on par magistrale ; — par escarpe ; — par talus du rempart ? — Comment forme-t-on le fossé du corps de place ?—Quelles dimensions lui donne-t-on ?

Qu'entend-on par dehors d'une enceinte fortifiée ? — Qu'est-ce que la tenaille ; — la demi-lune ; — le réduit de la demi-lune ; — la place d'armes rentrante ; — la contre-garde ?—Qu'est-ce qu'un redan ; — une lunette ? — Qu'entend-on par crêtes du chemin couvert ?

En combien de catégories divise-t-on les ouvrages intérieurs d'une enceinte fortifiée ? — Qu'appelle-t-on retranchement intérieur ? — Qu'est-ce qu'un cavalier ?

Comment établit-on les communications entre le corps de place et les ouvrages extérieurs ? — Qu'est-ce qu'une poterne ; — un pas de souris ; — une rampe ; — une caponnière ; — une porte de ville ?

Quelle distinction faut-il établir entre les ouvrages avancés et les ouvrages détachés ? — Qu'est-ce qu'un fort ? — Qu'entend-on par casemates ?—Quel est le but rempli par les casemates?

Fortification passagère.—Qu'entend-on par

retranchement ? — Quelles sont les différentes parties du profil d'un retranchement ? — Qu'appelle-t-on crête intérieure; — ligne de feu? — Qu'est-ce que la banquette ? — Qu'appelle-t-on talus intérieur; — talus de banquette; — plongée; — crête extérieure; — talus extérieur ? — Qu'est-ce que la berme; — le talus d'escarpe; — le talus de contrescarpe?— Qu'entend-on par terre-plein; — par glacis; — par relief; — par commandement ?— Comment détermine-t-on l'épaisseur d'un parapet?—Quelles sont les limites des dimensions du fossé ?

Comment trace-t-on un retranchement sur le terrain ? — De quelle manière brise-t-on la crête d'un retranchement ?— Qu'appelle-t-on face ;— flanc ? — Qu'est-ce que la capitale ? — Qu'est-ce qu'un angle flanqué ? — Comment un secteur peut-il être privé de feux ? — Qu'appelle-on angle mort ?

Quels sont les principes du flanquement ? — Dans quelles limites peut-on faire varier les angles rentrants ? — Quel est le minimum et le maximum de la longueur qui doit être donnée à une face?

Quel est le volume de terre nécessaire pour élever un parapet ? — Combien un fossé fournit-il de mètres cubes de terre ? — De quelle manière peut-on déterminer les dimensions d'un retranchement ? — Qu'est-ce que le foisonnement ? — D'après quels calculs trouve-t-on la surface du profil d'un retranchement ? — Comment détermine-t-on la largeur du haut du fossé ? — Par quels éléments en calcule-t-on le profil ?

Comment trace-t-on les ouvrages sur le terrain ? — Quel est l'usage des piquets dans le tracé des ouvrages ? — De quelle manière établit-on la direction d'un profil ? — Tracez, par exemple, une lunette ; — un redan.

Par quelle méthode détermine-t-on le nombre d'hommes nécessaires pour exécuter un travail en un temps donné ? — Qu'appelle-t-on terre à un homme ; — terre à deux hommes ; — terre à trois hommes ? — Comment espace-t-on les pelleurs ? — Qu'appelle-t-on atelier ? — Qu'est-ce qu'un relais ? — De combien de travailleurs compose-t-on un atelier ? — Quel est le travail moyen des hommes travaillant à la corvée ou à la tâ-

che ? — Quels moyens emploie-t-on pour accélé-
rer la construction des ouvrages ?

Qu'appelle-t-on revêtements ? — Qu'est-ce
qu'une fascine ? — Qu'appelle-t-on gabion ; —
claie ? — Comment revêt-on les ouvrages de
gazon ?

Qu'est-ce que le défilement ? — De quelle manière peut-on déterminer le défilement ?—Quelles
mesures emploie-t-on pour se défiler ?

Divers ouvrages de campagne —En combien de catégories divise-t-on les ouvrages de campagne ?—Qu'appelle-t-on lignes continues ; — lignes à intervalles ; — ouvrages détachés ?

Combien distingue-t-on d'espèces d'ouvrages
détachés ? — Qu'entend-on par ouvrages ouverts
à la gorge ? — Qu'est-ce qu'un redan ; — une
tenaille ; — une lunette ? — Qu'appelle-t-on angle d'épaule ? — Qu'est-ce qu'une queue d'hiron-
delle ?

Décrire un front bastionné. — Qu'appelle-t-on
côté extérieur ; — lignes de défense ; — angles
de flanc ? — Qu'est-ce qu'un bastion ? — Qu'entend-on par feux croisés des faces ? —Qu'est-ce
qu'un ouvrage à cornes ? — Qu'appelle-t-on ou-

vrage à couronne ? — Comment construit-on un ouvrage à cornes et un ouvrage à couronne ? — Qu'est-ce qu'une ligne de gorge ?

Combien y a-t-il d'espèces d'ouvrages fermés ? —Qu'est-ce qu'une redoute ? — Quelle en est la forme ? — Qu'est-ce qu'un fortin ? — Comment est-il formé ? — Qu'appelle-t-on fort ? — Qu'est-ce qu'un blockhaus ?

Quelles sont les principales lignes continues ? — Qu'appelle-t-on lignes à redans ; — lignes à redans et courtines ; — lignes à crémaillères ;— lignes bastionnées ? — Comment forme-t-on ces différentes lignes ? — Comment fait-on une série de lunettes ?

Comment organise-t-on un ensemble de lignes à intervalles ? — Quelles formes peut-on donner aux lignes à intervalles ?—Qu'appelle-t-on lignes à ouvrages détachés ? — De quelles conditions principales leur construction dépend-elle ?

Qu'appelle-t-on tranchées-abris ? — Quelle forme donne-t-on à ces ouvrages ? — Combien faut-il de temps pour les exécuter ? — Comment organise-t-on les travailleurs pour faire les tranchées-abris ?

Comment arme-t-on les retranchements ? — En quoi consiste l'armement avec de l'artillerie ? — Qu'appelle-t-on plates-formes ; — hauteur de genouillères ? — Qu'est-ce qu'une barbette ? — Quelles sont les dimensions que doivent avoir les plates-formes et les barbettes ? — Qu'entend-on par embrasure ; — joues des embrasures ? — Comment place-t-on les pièces d'embrasure ? — Qu'est-ce que le heurtoir ? — Comment est-il placé ?

Comment arme-t-on les retranchements avec de l'infanterie ? — De quelles conditions la force de la garnison d'un retranchement dépend-elle ? — Quelle est la règle admise pour garnir les crêtes avec de l'infanterie ? — Quelles précautions prend-on pour abriter les batteries ? — Comment met-on les munitions à couvert dans un retranchement ?

Comment défend-on l'accès d'un retranchement ? — Qu'appelle-t-on défenses provisoires ? — Quelles sont les principales espèces de défenses provisoires ? — Qu'appelle-t-on fraises, palissades ? — Comment les ferme-t-on ?

Qu'est-ce que les palanques ? — Qu'appelle-t-on abatis ? — Comment forme-t-on les chevaux de frise ? — Qu'appelle-t-on trous de loup ; — petits piquets ; — chausse-trappe ? — Comment contruit-on les fougasses ? — Qu'est-ce que le saucisson ; — l'auget dans les fougasses ?

Quand est-on obligé d'avoir recours au défilement ? — Quelles sont les limites du défilement ? — Qu'appelle-t-on exhaussement du relief ; — abaissement du terre-plein ? — De quelle manière procède-t-on à ces opérations ? — Qu'appelle-t-on plan de défilement ; — plan de site ? — Qu'est-ce que la charnière ?

Qu'appelle-t-on parados ? — Quel en est l'usage ? — Comment établit-on une traverse ? — De quelle manière peut-on défiler un retranchement par l'abaissement du terre-plein ? — Comment peut-on défiler un ouvrage fermé ? — Déterminer la crête d'un retranchement en un point quelconque. — Comment construit-on le plan d'un ouvrage à crête accidentée ?

Défenses naturelles. — Quels sont les principaux obstacles naturels qu'on rencontre sur un champ de bataille ? — Comment organise-t-on la défense des hauteurs, lorsque les pentes sont escarpées ; — lorsque leur inclinaison est faible ? — Au moyen de quels obstacles peut-on défendre les hauteurs ?

Que fait-on lorsque des ravins se rencontrent dans le terrain à défendre ? — Comment utilise-t-on les escarpements ? — Quel est pour la défense, le rôle des fossés, des haies, des bois ? — Comment interdit-on l'accès des bois ? — Quelle est l'utilité des murs pour la défense ? — Qu'appelle-t-on créneaux ? — Comment pratique-t-on les créneaux ?

Quelle est la meilleure manière de défendre une maison ? — Qu'appelle-t-on tambour ? — Comment se sert-on des obstacles naturels pour défendre une ferme ? — De quelle manière organise-t-on la défense en avant d'un village ? — Comment place-t-on l'artillerie pour défendre un village ? — Quelle est la manière de barricader les rues ? — Comment met-on les maisons en communication les unes avec les autres ?

Comment utilise-t-on pour la défense les marais et les étangs ? — Quelle est l'utilité des cours d'eau pour la défense ? — Quelle largeur un cours d'eau doit-il avoir pour être utilement défendu ?— Qu'appelle-t-on tête de pont ?—Comment place-t-on les batteries sur les têtes de pont ? — Quels ouvrages emploie-t-on pour couvrir les ponts : quand il n'y en a qu'un ; — quand il y en a plusieurs ? — A quelle distance les ponts doivent-ils être espacés ? — Qu'est-ce qu'une estacade ? — Combien y a-t-il d'espèces de ponts employés dans l'art militaire ?— Qu'appelle-t-on tablier d'un pont ? — Qu'est-ce que les poutrelles ? — Comment compose-t-on un pont de bateaux ? — Qu'appelle-t-on ponts de chevalets ? — Comment les construit-on ? — Qu'est-ce qu'un pont de gabion ; — un pont de bateaux ? — Comment et dans quelles circonstances utilise-t-on des ponts de voitures ? — Qu'appelle-t-on pont en cordages, et comment les construit-on ? —Qu'est-ce qu'un pont de charpentes ; — un pont sur pilotis ?

De combien de manières peut-on attaquer un retranchement ? — Quelles sont les mesures à prendre avant l'attaque ? — Quel est le rôle de l'artillerie ? — Quel est celui de l'infanterie ?— Quel est celui de la cavalerie ?

Comment peut-on défendre un retranchement?

— Que doit faire le commandant d'un retranchement, avant d'être attaqué? — A quel moment doit-on tirer sur l'assaillant? — Comment les feux doivent-ils être dirigés? — Quelles sont les dispositions à prendre, soit pour attaquer, soit pour défendre une maison; — un village?

Destruction des voies de communication et des ouvrages d'art. — De quelle manière s'y prend-on pour détruire une route? — Combien y a-t-il de manières de couper un pont? — Donner la description des principaux moyens employés. — Comment fait-on sauter une arche? — Comment renverse-t-on une pile de pont? — De quelle manière peut-on détruire un pont de bois?

Comment détruit-on une voie ferrée? — Quels sont les moyens employés pour mettre les madriers et les rails hors de service? — Comment détruit-on un tunnel? — Comment met-on une locomitive hors de service?

Comment détruit-on les télégraphes? — De quelle manière peut-on empêcher la transmission des dépêches, sans détruire les poteaux et les fils?

Embarquement des troupes en chemin de fer. — Quel est le matériel employé pour le transport des hommes, des chevaux ; — pour celui du matériel et des équipages ? — Quel est le nombre des hommes qui doivent remplir un wagon de 3e classe ? — Comment fait-on voyager les chevaux ? — Comment se fait l'embarquement des hommes à quai ; — en pleine voie ?

Quelles sont les prescriptions spéciales pour l'embarquement de l'infanterie en chemin de fer ? — Comment opère-t-on le débarquement ?

Quelles sont les mesures spéciales pour l'embarquement de la cavalerie ?—Combien reste-t-il de cavaliers avec les chevaux ? — Comment fait-on l'embarquement des chevaux perpendiculairement à la voie ; — parallèlement à la voie ? — Dans quel ordre les chevaux sont-ils sortis des wagons ?

IV

Topographie.

Des cartes. — Qu'appelle-t-on cartes ? — Qu'est-ce qu'une carte géographique ? — Qu'est-ce qu'une carte topographique ? — Peut-on reproduire exactement une portion de la surface de la terre sur un plan ? — Quelles sont les méthodes employées pour la construction des cartes? — Qu'appelle-t-on projection ? — Combien y a-t-il d'espèces de projections ? — Qu'est-ce que la projection orthographique ; — la projection stéréographique ? — Quelle est la méthode employée pour la construction des cartes topographiques ?

Qu'appelle-t-on lire une carte ? — Comment peut-on lire une carte topographique? — Qu'est-ce que la planimétrie? — Quel est le plan de repère adopté pour les cartes ? — Qu'est-ce que le nivellement ? — Qu'appelle-t-on cotes de niveau ? — Quel est l'emploi des courbes et des hachures dans les cartes?

Signes conventionnels. — Quel est l'usage des teintes dans les cartes topographiques ? — Que représente le jaune pâle terne ; — le vert bleuâtre ; — le vert franc ; — le jaune verdâtre ; — le jaune orangé ; — le violet ; — le bleu pâle ? — Comment combine-t-on les teintes entre elles ? — Comment représente-t-on les friches ; —

les marais ; — les constructions maçonnées ?

De quelle manière remplace-t-on les teintes dans les cartes en noir ? — Comment figure-t-on en noir les marais ; — les rivières ; — les ruisseaux ; — les canaux ? — Comment peut-on représenter les routes ; — les chemins vicinaux ;— les chemins d'exploitation ; — les chemins de fer? — Comment indique-t-on l'encaissement des routes ? — Quelle direction donne-t-on aux hachures pour représenter les excavations?—Comment rend-on les rochers et les escarpements? — Quelle est la manière dont la carte de l'état-major figure les terres en culture; — les forêts ; — les arbres isolés ; —les prairies;— les vignes ; — les vergers ?

Comment représente-t-on les constructions; — les églises; — les clôtures, suivant leur nature; — les villages? — Comment indique-t-on les ponts ; — les gués ; — les ponts de chemins de fer; — les passages à niveau ? — Comment distingue-t-on les hachures de nivellement de celles des routes et des constructions?

Quelles sont les règles à suivre pour écrire les noms sur les cartes ? — Combien y a-t-il de

genres d'écritures dans la carte de l'état-major?
— Quels sont-ils?

Quelle est la distance réelle et la distance horizontale de deux objets? — Comment détermine-t-on la différence? — Qu'appelle-t-on cote d'altitude? — Quel est l'inconvénient de l'emploi des cotes d'altitude sur les cartes topographiques?

Qu'est-ce que le système des sections horizontales? — Comment détermine-t-on les sections horizontales d'une hauteur d'une forme donnée? — Qu'indique l'écartement des courbes des sections horizontales? — Quelle mesure a-t-on prise pour déterminer dans la pratique l'échelle des courbes des sections horizontales? — Comment détermine-t-on l'équidistance graphique? — Quel est l'avantage de ce système? — Comment apprécie-t-on l'altitude d'un point, quand on connaît l'échelle du plan et le nombre de courbes intercalées entre ce point et un autre pris pour point de départ?

Quelle est la manière de représenter une colline; — une montagne; — le sommet d'une montagne? — Qu'est-ce qu'une ligne de faîte;—

une croupe? — Qu'est-ce que la ligne de partage? — Comment représente-t-on une croupe? — Qu'appelle-t-on vallée? — Qu'est-ce que le thalweg? — Comment représente-t-on une vallée; — un ravin; — un col?

Qu'appelle-t-on hachures? — Quel est l'usage des hachures pour représenter les pentes? — Que fait-on, lorsque deux courbes se replient brusquement, pour mener les hachures correspondantes?

Qu'appelle-t-on lumière zénithale; — lumière oblique? — Quelle est l'importance de la convention relative à la lumière dans la construction des cartes topographiques? — Y a-t-il avantage à supposer la lumière zénithale ou oblique?

Échelles. — Qu'appelle-t-on échelle d'une carte? — Comment choisit-on l'échelle à employer pour la construction d'une carte? — Quels rapports emploie-t-on ordinairement pour l'adoption des échelles? — Comment construit-on une échelle pour lire rapidement les distances à l'aide du compas? — Qu'appelle-t-on échelle des dixmes? — Comment établit-on l'échelle de dixmes? — Quels en sont les usages? — De quelles conditions dépend l'approximation des mesures prises avec une échelle ?

Usages des cartes sur le terrain.—Qu'est-ce que l'orientation d'une carte ? — Comment peut-on s'orienter sur le terrain ? — Qu'est-ce que la boussole ?—Qu'appelle-t-on déclinaison ? — Qu'entend-on par méridien magnétique ; — par l'azimut d'un point ? — Comment prend-on l'azimut d'un point ?—La boussole peut-elle servir à se diriger dans une direction quelconque ?

Quel est l'usage de la boussole pour s'orienter sur le terrain ? — Comment peut-on s'orienter sur le terrain d'après la position du soleil ? — Comment peut-on s'orienter pendant la nuit, sans boussole ? — Comment trouve-t-on l'étoile polaire ?

Quelle est la méthode à suivre pour s'orienter sur une carte ? — Quels sont les points principaux à reconnaître sur une carte ? — Trouver sur la carte un point de terrain déterminé. — Reconnaître sur le terrain un point déterminé sur la carte. — Comment trouve-t-on sur une carte les hauteurs ?—De quelle manière peut-on reconnaître le défilement ?

Renseignements topographiques et statistiques.—Comment les renseignements fournis par les cartes sont-ils complétés ?—Qu'entend-on par renseignements topographiques ?—Comment étudie-t-on la disposition des routes ;— celle des ponts ;—celle des villages et des maisons isolées ? — Qu'entend-on par documents statistiques ? — Quelle est l'utilité des renseignements statistiques pour connaître les ressources d'un pays ?—Comment condense-t-on les renseignements statistiques recueillis dans un canton ?

Tracé d'un itinéraire. — Qu'est-ce qu'un itinéraire ? — Par quelle méthode trace-t-on un itinéraire ? — Qu'entend-on par étalonner ses pas ? — Cemment détermine-t-on sur un itinéraire les courbes d'une route et les embranchements ? — Comment signale-t-on les points saillants d'une route ? — Qu'appelle-t-on recoupements ? —Comment figure-t-on dans un tableau les éléments recueillis en établissant un itinéraire ?

———

4.

V

Artillerie.

Armes à feu portatives.—Quelles sont les conditions de la valeur d'une arme à feu portative?—Quelles qualités doit posséder une arme de jet; — une arme de main?—Combien y a-t-il en France de catégories d'armes à feu portatives? — Combien y a-t-il de modèles d'armes se chargeant par la culasse?

Comment le fusil d'infanterie modèle 1866 est-il constitué? — Quelles en sont les parties? — Qu'appelle-t-on canon;—culasse mobile;—monture; — garnitures; — baïonnette? — En quel métal le canon est-il fabriqué? — Quelle en est la forme extérieure et intérieure? — Qu'appelle-t-on chambre ardente?—Comment effectue-on le pointage de l'arme? — Qu'est-ce que la boîte de culasse?—Quelles en sont les parties?—Qu'est-ce que la culasse mobile? — Combien y a-t-il de pièces de fermeture? — Quelles sont-elles? — Quelle en est la forme?

Quelles sont les pièces qui servent à la production du feu?—Qu'appelle-t-on cran de l'armé? — Quelles sont les parties du mécanisme proprement dit? — Qu'est-ce que le chien et son galet; — la noix; — le porte-aiguille; — le manchon; — l'aiguille; — le ressort à boudin?—Comment ces différentes pièces fonctionnent-elles?—Comment recharge-t-on une arme déchargée?

Qu'est-ce que la monture? — En combien de parties se divise-t-elle?— Qu'entend-on par garniture? — Combien y a-t-il de garnitures? — Qu'est-ce que la baguette; — l'embouchoir; — la grenadière; — la pièce de détente; — le pontet; —les deux battants; — l'embase du battant de crosse; — la plaque de couche? — Comment le sabre baïonnette est-il adapté au fusil?

Qu'appelle-t-on accessoires? — Qu'est-ce que le nécessaire d'armes? — De combien de pièces le nécessaire d'armes se compose-t-il?— Quelles sont ces pièces? — En donner la description.— De quel instrument se sert-on pour le nettoyage intérieur du cylindre? — Qu'entend-on par pièces de rechange? — Combien en donne-t-on aux soldats?

Quelle est la forme du fusil de cavalerie?—En quoi diffère-t-il du fusil d'infanterie? — Quelle est la forme de la carabine de cavalerie?—Quelle est celle du mousqueton d'artillerie?

Comment la cartouche des armes portatives est-elle composée? — Quelle en est la forme?— Combien contient-elle de poudre? — Quelle est la forme et quel est le poids de la balle?—Quels sont les avantages de la cartouche Chassepot? — Quels en sont les inconvénients?

Qu'entend-on par fusils transformés?—Qu'est-ce que le fusil à tabatière? — Quelle est la disposition des différentes parties de la culasse? — Comment le chien est-il mis en mouvement? — Quelle est la forme et la composition de la cartouche du fusil à tabatière?—Quel en est le poids?

Qu'entend-on par revolver? — Qu'est-ce qu'un revolver à mouvement simple; — à double mouvement? — Qu'est-ce qu'un revolver à tir continu? — Quelle est la forme des cartouches de revolver?

Quelles sont les dégradations qui peuvent géner ou arrêter la marche du mécanisme du fusil Chassepot ? — Quelles sont les principales causes de ratés ; — de départs accidentels ?

Bouches à feu. — Qu'entend-on par bouches à feu ? — Quel est le métal employé pour leur fabrication ? — En combien de catégories divise-t-on les bouches à feu ? — Qu'est-ce qu'un mortier ? — Comment détermine-t-on le calibre d'une bouche à feu ? — Comment détermine-t-on celui d'un mortier ? — Qu'appelle-t-on rayures ? — Quel est l'avantage des rayures ? — Combien y a-t-il de canons en service actuellement ? — Qu'entend-on par une mitrailleuse ? — Combien distingue-t-on de calibres de mortier ?

Quelle est la forme des bouches à feu ? — Qu'est-ce que l'âme d'un canon ? — Comment détermine-t-on les rayures d'un canon ? — Qu'est-ce que la culasse ? — Qu'appelle-t-on canal de lumière ? — Où place-t-on les logements des hausses pour le pointage ? — Qu'est-ce que le bouton de culasse ? — Qu'appelle-t-on anses d'une pièce ? — Quels sont les canons qui ont des anses et ceux qui n'en ont pas ? — Qu'entend-on par tourillons ?

Quel est le système de fermeture des canons

de 7 et de 5 ? — De combien de parties cette fermeture se compose-t-elle ? — Qu'est-ce que la vis ? — Qu'est-ce que le volet ; — l'écrou ? — Combien faut-il de mouvements pour fermer la culasse ?

De combien de parties une mitrailleuse est-elle composée ? — Qu'appelle-t-on canons ? — Qu'est-ce que la cage d'une mitrailleuse ? — Qu'entend-on par culasse porte-cartouche ? — Quel est le système de percussion d'une mitrailleuse ? — En combien de parties se divise-t-il ? —Comment les percuteurs agissent-ils ? — Comment la partie antérieure est-elle reliée à la partie postérieure ? — Qu'est-ce que la plaque de déclanchement ? — Qu'appelle-t-on manivelle de percussion ? — Comment fait-on la manœuvre des mitrailleuses ?

Combien distingue-t-on d'espèces de projectiles ? — En quel métal les projectiles sont-ils fondus ? — Quelle est la forme des obus ordinaires ? — Qu'appelle-t-on ailettes ? — Comment place-t-on l'obus dans l'âme ? — Comment la rotation des obus est-elle obtenue ?

Qu'appelle-t-on obus à balles ? —Quelle en est la composition ? — Qu'est-ce qu'une boîte à mitraille ? — Quelle est la forme des projectiles de la mitrailleuse ? — Qu'est-ce qu'une bombe ? — Quelle en est la forme ?

Poudre de guerre. — Qu'est-ce que la poudre ? — Par qui la poudre est-elle fabriquée en France ? — Quelle est la composition de la poudre de guerre ; — de la poudre de chasse ; — de la poudre de mine ? — Y a-t-il une distinction entre la poudre à canon et celle à fusil ? — Comment fabrique-t-on la poudre à canon ; — la poudre à fusil ? — Comment charge-t-on les gargousses des bouches à feu ? — A quelles épreuves reconnaît-on la valeur de la poudre ?— Comment la poudre est-elle expédiée et comment est-elle conservée dans les magasins ? — Comment fabrique-t-on les cartouches des armes portatives ?

Qu'est-ce que la dynamite ? — Quels en sont les usages militaires ?

Munitions ; leur transport. — Comment prépare-t-on les munitions pour les bouches à feu se chargeant par la bouche ; — de celles se chargeant par la culasse ? — Quelle est la composition de la cartouche de la mitrailleuse ? —

Comment prépare-t-on la cartouche à mitraille?

De quelle manière effectue-t-on le transport des munitions d'artillerie et d'infanterie? — Combien existe-t-il de modèles de coffres de munitions pour les pièces de campagne? — Quelles sont les voitures qui servent au transport des munitions d'artillerie; — à celui des cartouches d'infanterie?

De quelles manières peut-on mettre les bouches à feu hors de service?

———

VI

Administration et Législation.

I. — DISPOSITIONS ESSENTIELLES DE LA LOI DU 17 JUILLET 1872.

Par qui le service militaire est-il dû? — Dans quelle limite d'âge les citoyens sont-ils astreints au service militaire? — Les soldats présents au corps peuvent-ils prendre part au vote? — Accepte-t-on les étrangers dans les troupes françaises ? — Quels sont les individus exclus du service militaire ?

Comment établit-on les tableaux de recensement pour faire les appels sous les drapeaux ?— Comment publie-t-on ces tableaux ?—Quelles sont les dispositions de la loi relatives aux fils d'étrangers et aux fils nés à l'étranger, d'individus naturalisés ensuite Français ? — Quelles sont les conditions du domicile légal dans un canton ? — Comment détermine-t-on l'âge des jeunes gens pour lesquels il n'existe pas d'état civil ? — Que fait-on pour les jeunes gens omis par erreur sur les tableaux des années antérieures ?— Comment fait-on la révision des tableaux de recensement dans les cantons composés de plusieurs communes ? — Quelles sont les formalités du tirage au sort ?

Quels sont les jeunes gens exemptés du service militaire ? — Qu'entend-on par dispense ;— par sursis d'appel ?—Dans quels cas sont-ils accordés ? — Qu'appelle-t-on ajournement au conseil de révision ? — Quelles sont les dispositions particulières relatives aux élèves de l'École polytechnique et de l'École forestière ? — Quelles sont les catégories de jeunes gens dispensés du service militaire à titre conditionnel ? — Quelles sont les obligations des jeunes gens liés au service par brevet ou commission ? — Qu'entend-on par dispenses à titre provisoire ? — Dans quelles conditions sont-elles accordées ? — Quelles sont les dispositions relatives aux sursis d'appel en temps de paix ? — Dans quelles limites ces sursis peuvent-ils être accordés ? — Quelles sont les obligations des militaires laissés dans leurs foyers : en temps de paix ; — en temps de guerre ?

Qu'entend-on par conseil de révision ? — Comment est-il composé ? — Dans quelles conditions les décisions du conseil de révision sont-elles prises ? — Comment examine-t-il les cas de dispense ? — Les décisions du conseil de révision sont-elles définitives ? — Comment les listes de recrutement cantonal sont-elles arrêtées ? — Quelles sont les catégories qui les composent ?

Qu'est-ce que le registre matricule de recrutement ? — Comment est-il établi ?

Dans quelles proportions les citoyens sont-ils astreints au service militaire actif et non actif ?

— Qu'est-ce que l'armée active; — la réserve de l'armée active; — l'armée territoriale; — la réserve de l'armée territoriale? — Comment l'armée de mer est-elle formée? — A partir de quelle date la durée du service compte-t-elle? — De quelle manière l'armée active est-elle formée? — Quels sont les militaires renvoyés dans leurs foyers après une année de service? — Quels sont ceux qui restent nécessairement au corps? — Quelles sont les obligations des militaires en disponibilité de l'armée active? — Quelles sont les dispositions prises pour les hommes de la réserve de l'armée active. — Dans quelles conditions les militaires peuvent-ils se marier?

Qu'entend-on par engagement volontaire? — Quelles conditions sont nécessaires pour contracter un engagement? — Quelle est la durée des engagements volontaires? — Cette durée compte-t-elle pour le temps de service ordinaire? — Dans quelles formes les engagements volontaires sont-ils contractés? — Qu'entend-on par engagement pour la durée d'une guerre?

Qu'est-ce que rengager? — Pour combien de temps les rengagements sont-ils reçus? — Jusqu'à quel âge les rengagements sont-ils renouvelables? — Sous quelle forme les rengagements sont-ils contractés? — Comment les engagés peuvent-ils être mis en route, en cas d'insoumission? — De quelle manière un engagé peut-il contester la légalité de l'acte d'engagement? — Quels sont les cas de réforme pour les engagés et les rengagés? — Qu'est-ce que la haute paye d'ancienneté de service? — Combien y a-t-il de hautes payes?

Qu'entend-on par engagement conditionnel d'un an? — Quels sont les jeunes gens admis de droit aux engagements conditionnels? — A quelles conditions les autres jeunes gens peuvent-ils être admis? — Par qui l'engagé d'un an est-il équipé et habillé? — Quelles sont les obligations de service pour le volontaire d'un an? — Quels sont les priviléges des volontaires d'un an? — Quelles conditions le volontaire d'un an doit-il remplir pour être admis? — Les jeunes gens ajournés peuvent-ils contracter l'engagement volontaire d'un an? — Quelles sont les dispositions relatives aux engagés suivant les cours des écoles?

Quelles sont les pénalités contre les jeunes gens qui cherchent à se soustraire frauduleusement aux obligations du service militaire? — Quelles sont les peines édictées contre les complices; — contre les fonctionnaires; — contre les médecins qui se sont laissé corrompre? — Quelles sont les dispositions particulières pour l'instruction des soldats; — pour l'admission aux emplois civils et militaires? — Indiquer les dispositions transitoires de la loi sur le recrutement.

II. — DISPOSITIONS ESSENTIELLES DE LA LOI DU 24 JUILLET 1873.

En combien de régions la France est-elle divisée pour l'organisation de l'armée? — Comment ces régions sont-elles subdivisées? — Qu'est-ce qu'un corps d'armée? — Quels sont les magasins que possède une région militaire; — une subdivision de région? — Où sont placés les bureaux de recrutement? — Quelles sont les fonctions de ces bureaux? — Quelle est la composition d'un corps d'armée? — Ces corps sont-ils réunis en armées en temps de paix ? — Qu'entend-on par corps spéciaux ? — Comment sont-ils formés ?

Les corps d'armée sont-ils organisés d'une manière permanente ? — Par quelle autorité des changements peuvent-ils être opérés dans les corps d'armée ? — Comment l'armée active est-elle recrutée ? — Quelles sont les dispositions à prendre en cas de mobilisation ? — Comment immatricule-t-on les soldats de la réserve ? — Quelles sont les dispositions pour les militaires de l'armée active en disponibilité ; — pour les engagés conditionnels d'un an après leur temps de service ? — Qu'entend-on par officiers auxiliaires ? — Comment sont-ils organisés ?

Quelle est l'étendue du commandement d'un commandant de corps d'armée régional ? — Quels sont les établissements qui sont sous la direction immédiate du ministre de la guerre ? — Pendant combien de temps un corps d'armée reste-t-il sous le même commandement, en temps de paix ? — Peut-on détacher des corps de troupe d'un corps d'armée dans un autre ? — Quelle est l'organisation de l'état-major d'un corps d'armée ? — Comment organise-t-on les états-majors de l'artillerie, du génie et les services administratifs ? — Quelles sont les attributions des officiers supérieurs de recrutement ? — Comment remplit-on les cadres des officiers auxiliaires ?

Quelles sont les formalités de l'incorporation pour les diverses catégories de militaires ? — Comment les ordres de mobilisation sont-ils transmis au recrutement ; — aux militaires en disponibilité ? — Comment le commandant d'un corps d'armée est-il remplacé en cas de mobilisation ?—Qu'appelle-t-on hommes de remplacement ? — Comment réquisitionne-t-on les chevaux, mulets et voitures ? — Quelles sont les obligations des chemins de fer en cas de mobilisation ? — Quelles sont celles des télégraphes ? — Comment établit-on les indemnités pour les dommages causés par les manœuvres militaires ?

Comment l'armée territoriale est-elle formée ? — Quels en sont les cadres ? — Quelle est la composition de l'effectif permanent ?—Comment recrute-t-on les cadres des troupes et des services de l'armée territoriale pour les officiers et fonctionnaires ; — pour les sous-officiers et employés ? — Par qui les nominations sont-elles faites ? — Quelle est l'organisation des divers corps de l'armée territoriale ? —Quels sont les devoirs des bureaux de recrutement relativement à l'armée territoriale ? — Quel est le rôle des corps de l'armée territoriale en cas de mobilisation ? — Sous quel commandement sont-ils placés ? — A quels règlements sont-ils soumis ?

Quels sont les priviléges des élèves sortant de l'École polytechnique et de l'École forestière ? — Quelle est la situation des engagés conditionnels d'un an, après un an de service ; — après deux ans de service effectif ? — Les officiers de l'armée territoriale sont-ils, pendant leur présence au service, considérés comme étant en activité ? — Quelles sont les dispositions transitoires relatives aux officiers, sous-officiers et soldats de la garde mobile ?

III. — SOLDE DES TROUPES.

Qu'est-ce que la solde d'activité?—Dans quelles circonstances les militaires et employés en jouissent-ils?—Qu'entend-on par solde de présence;—par solde d'absence? — Combien distingue-t-on d'espèces de solde de présence; — de solde d'absence? — Comment établit-on les droits à la solde : 1° pour les officiers sans troupe et les employés; — 2° pour les officiers; —3° pour les jeunes soldats appelés et les engagés; — 4° pour les jeunes soldats et les engagés isolés?—Qu'est-ce que la solde d'indemnité? — Quand les droits à cette solde cessent-ils? — La solde peut-elle être cumulée avec les traitements ou pensions? — Quelles sont les exceptions?

Qu'appelle-t-on solde de route? — Quand est-elle due? — Qu'est-ce que la solde de guerre?— Dans quel cas est-elle accordée? — Qu'appelle-t-on congé et permission? — Qu'est-ce que la solde d'absence pour les soldats; — pour les officiers? — Quand accorde-t-on des suppléments de solde?

5.

Qu'entend-on par hautes payes journalières d'ancienneté ? — Qu'est-ce que l'indemnité de logement ? — Dans quelles circonstances accorde-t-on une indemnité extraordinaire ?—Quand un militaire cesse-t-il d'avoir droit à la solde ?

Quelles sont les règles à suivre pour le paiement de la solde aux officiers ; — à la troupe ; — aux armées en campagne ? — Sur quelles bases décompte-t-on la solde et les accessoires de solde des officiers ; — la solde, les suppléments, indemnités et hautes payes des hommes de troupe ?

IV. — ADMINISTRATION INTÉRIEURE MILITAIRE.

Qu'est-ce que la situation et le rapport journalier d'une compagnie ? — Comment le rapport est-il établi ?—Que met-on au *recto* ;—au *verso* ? Par qui est-il signé ? — Comment les mutations sont-elles inscrites ? — Qu'est-ce que l'état des mutations ?—Par qui est-il établi ? — A qui est-il transmis ? — Qu'entend-on par feuilles de journées vérificatrices ?

Prêt. — Qu'est-ce que le prêt ? — Quand le paie-t-on d'avance ; — à terme échu ?—Qu'est-ce qu'une feuille de prêt ? — Quelles sont les règles à suivre pour en établir une ? — Combien de colonnes comprend-elle ? — Que contient chaque colonne ? — Comment les sommes à percevoir par chaque compagnie sont-elles modifiées ? — Par qui la feuille de prêt est-elle signée ?—Faites le modèle d'une feuille de prêt. — Qu'entend-on par *trop perçu* ou *moins perçu* ?— Quelles sont les divisions du prêt ?—Qu'appelle-t-on centimes de poche ? — Comment fait-on le prêt des sous-officiers ? — Par qui le prêt est-il payé aux hommes ?

Ordinaire. — Qu'appelle-t-on ordinaire ? — Qui est-ce qui a la surveillance de l'ordinaire ?— De combien de manières l'ordinaire est-il géré en temps de paix ? — Qu'est-ce que le livre de l'ordinaire ? — Quel en est l'objet ? — Quelles sont les recettes de l'ordinaire ? — Quelles sont les recettes normales ; — les recettes additionnelles ? — D'où proviennent les unes et les autres ? — Quelles sont les dépenses de l'ordinaire? — Quand inscrit-on ces dépenses ?—Qu'appelle-t-on boni ?

Qu'appelle-t-on commission des ordinaires ?—

Quel en est le président? — Quelle en est la mission?

Livre de détail. — Qu'est-ce que le livre de détail? — Sous quel autre nom le désigne-t-on également?—Quel est l'objet du livre de détail? En combien de parties le divise-t-on?—Combien de temps un livre de détail dure-t-il?—Comment inscrit-on au livre de détail les renseignements sur la position de la compagnie pendant l'année? — Comment inscrit-on les renseignements relatifs aux allocations de vivres de campagne, d'indemnités et fournitures extraordinaires; — les situations et mutations journalières;—le contrôle annuel des officiers; — le contrôle annuel des hommes de troupe et le compte courant de leur masse individuelle; — le contrôle des chevaux d'officier et des chevaux de troupe?

Quel est le but de l'inscription au livre de détail de la solde de la troupe et des rations diverses perçues? — Comment inscrit-on la liste des travailleurs; — les comptes ouverts avec le magasin d'habillement; — les comptes ouverts aux effets de casernement et aux effets de campement? — Comment enregistre-t-on les bons des effets de petit équipement reçus du magasin d'habillement ? —Comment établit-on la situation générale des masses à la fin de chaque trimestre ?—Comment enregistre-t-on les numéros d'ordre des effets, des armes, etc.? — Quels sont les principaux chapitres auxiliaires qui peuvent être ajoutés par les commandants de corps au livre de détail ?

Registre matricule et livret individuel. — Qu'est-ce que le registre matricule ? — Comment est-il formé ? — Quelle est l'utilité du registre matricule? — Qu'est-ce que comprend le *recto* de la feuille matricule de chaque homme? —Qu'est-ce que comprend le *verso* ?

Qu'entend-on par livret individuel ? — Quels sont les renseignements qui sont consignés sur le livret ? — De qui le livret est-il la propriété? — Comment et par qui les livrets individuels sont-ils arrêtés ? — Qu'entend-on par arrêté de compte trimestriel des livrets ?

Perception et distribution des effets et des armes. — Comment les effets d'habillement, de grand équipement et d'armement sont-ils délivrés ? — Comment distribue-t-on les effets d'habillement ? — Quand sont-ils remplacés ?— Quel est le terme de la durée des effets de grand équipement et des armes ? — Dans quelles conditions sont-ils remplacés ? — Comment établit-on et enregistre-t-on les bons pour ces effets ? — Comment réintègre-t-on les effets dans les magasins ? — Qu'appelle-t-on bulletin de versement ? — Dans quelles conditions réintègre-t-on les effets ? — Que fait-on relativement aux dégradations aux effets et aux armes ? — A qui sont imputées les réparations d'effets ? — Comment décompte-t-on la moins-value des effets ?

Quand les effets d'habillement ont-ils droit à des réparations ? — A quel compte ces réparations sont-elles portées ? — Quelle est la destination des effets déclarés hors de service ? — Dans quels cas les pertes et dégradations d'armes sont-elles au compte de l'homme ou au compte de la masse générale d'entretien ? — Où verse-t-on les armes hors de service ? — Les hommes peuvent-ils conserver les effets dont ils ont payé la moins-value ?

Solde et vivres de campagne. — Quel est le but du service des subsistances ? — Quelles sont les fournitures du service des subsistances? —Comment ces fournitures sont-elles distribuées aux ayants-droit? — Combien y a-t-il de sortes de marchés pour la fourniture des denrées? — Qu'entend-on par marchés de livraison; — par marchés à la ration?

A qui le pain est-il dû sur le pied de paix; — sur le pied de guerre? — A qui les vivres de campagne sont-ils dus? — Quels sont les droits acquis sur les liquides, sur le pied de paix; — sur le pied de guerre? — Comment les officiers d'infanterie perçoivent-ils les fourrages pour leurs chevaux, sur le pied de paix et sur celui de guerre?

Quelle est la quotité de la ration de pain? — Qu'entend-on par vivres de campagne? — Quelle est la quotité de la ration de viande; — de celle de riz;—de celle de sucre;— de celle de café? — Comment détermine-t-on les rations de liquides?

Quelles conditions le pain livré aux troupes doit-il remplir? — Quelle doit être la nature et la qualité de la viande?

Comment perçoit-on les vivres en nature? — Quels sont les bons nécessaires pour la perception des vivres ? — Comment ces bons sont-ils établis ? — Pour combien de jours ? — Qu'appelle-t-on bon de totalisation ? — Quelle est l'utilité des bons de totalisation ? — De quelle manière les distributions des vivres de campagne ont-elles lieu ? — Quelles sont les rations qui sont distribuées au volume ? — Quelles sont celles qui sont distribuées au poids ? — Dans quel ordre les distributions de vivres sont-elles faites aux troupes ?

Masses individuelles. — Qu'est-ce que la masse individuelle d'un soldat ? — Qu'appelle-t-on première mise ; — mise journalière d'entretien ? — Quelle est la première mise de la masse pour l'infanterie ?—Quand la prime journalière est-elle allouée ?

Quelles sont les recettes de la masse ?—Quelles en sont les dépenses ?—Qu'appelle-t-on avoir de la masse ; — débet de la masse ? — Qu'est-ce que le complet de masse ? — Comment fait-on le décompte de la masse ?

Qu'entend-on par effets de petit équipement ? — Comment sont-ils achetés par le corps ?—De quelle manière les distribue-t-on dans les compagnies ? — Comment les répartit-on entre les hommes ?

Feuille de journée. — Quel est l'objet de la feuille de journée ? — Que contient la feuille de journée des compagnies ? — Quels sont les détails complémentaires de la feuille de journée de la compagnie hors rang ? — Combien y a-t-il de tableaux dans une feuille de journée d'une compagnie ? — Que contiennent ces différents tableaux ?—Comment présente-t-on le contrôle des officiers et des hommes de troupe ? — D'où proviennent les gains et les pertes de ces contrôles ? — Dans quel ordre classe-t-on les noms sur une feuille de journée ? — Comment place-t-on les enfants de troupe dans la feuille de journée? — Qu'entend-on par hommes en subsistance? — Comment les indique-t-on ? — Quelles sont les règles générales pour établir le tableau récapitulatif des feuilles de journée ? — Par qui et comment les feuilles de journée sont-elles vérifiées ? — Quelle est l'utilité des feuilles de journée pour constater l'exactitude des comptes des compagnies ?

Carnet de comptabilité en campagne. —

Administration d'un détachement en campagne.—Qu'appelle-t-on carnet de comptabilité en campagne? — Quelle en est l'utilité?—Combien de chapitres le carnet de comptabilité contient-il?

Comment enregistre-t-on les renseignements sur les diverses positions de la compagnie; — les renseignements relatifs aux allocations de toutes sortes;—les situations et mutations journalières; — le contrôle des officiers; —celui des hommes par grade; — le contrôle des chevaux; — la solde de la troupe et les prestations en denrées;—les prestations en nature?—Comment tient-on le compte ouvert aux effets de campement; — celui pour les bons d'effets distribués et pour les imputations de dégradations, réparations, etc.

Comment enregistre-t-on les pertes d'effets de grand équipement;—d'effets de petit équipement? — Quand envoie-t-on les états de mutations au conseil d'administration central du corps? — Comment collationne-t-on les carnets des compagnies? — Quel est le rôle du dépôt dans la comptabilité du corps en campagne?

V. — FONCTIONNEMENT GÉNÉRAL DE LA JUSTICE MILITAIRE.

Combien distingue-t-on d'espèces de tribunaux militaires? — Quels sont-ils?

Qu'appelle-t-on prévôté? — Qu'est-ce que le grand prévôt? — Quelle est la juridiction des prévôts? — Les jugements des prévôts sont-ils définitifs?

Qu'est-ce qu'un conseil de guerre? — Quels sont les individus justiciables des conseils de guerre en temps de paix; — en temps de guerre; — en état de siége? — Quelle est la composition d'un conseil de guerre? — Qu'est-ce que le parquet d'un conseil de guerre? — Combien y a-t-il de conseils de guerre dans les armées?

Combien distingue-t-on de catégories de crimes et délits? — Quels sont les crimes contre la sûreté de l'État; — contre le droit militaire; — contre le droit commun? — Quelles sont les pénalités appliquées par les conseils de guerre?

Par qui un militaire peut-il être renvoyé devant un conseil de guerre? — Quelles sont les formalités à remplir? — Par qui les ordres d'informer sont-ils donnés? — Quel est le rôle du commissaire du gouvernement devant les conseils de guerre? — Quel est le rôle du rapporteur? — Quelle est la procédure à suivre pour l'audition des témoins?

Qu'entend-on par ordonnance de non-lieu? — Par qui les ordonnances de non-lieu sont-elles rendues?

Quelles sont les formalités à remplir pour la convocation du conseil de guerre; — pour la séance publique; — pour la citation des témoins? Dans quel ordre l'accusation et la défense peuvent-elles prendre la parole? — Comment les jugements sont-ils rendus? — Quelle est la majorité nécessaire pour établir la culpabilité de l'accusé? — Qu'entend-on par circonstances atténuantes? — Comment la sentence d'un conseil de guerre est-elle rendue?

Qu'appelle-on conseil de révision? — Combien y en a-t-il? — Quel est le rôle des conseils de révision? — Les conseils de révision peuvent-ils connaître du fond des affaires?

Qu'entend-on par compétence en cas de complicité de plusieurs individus justiciables de tribunaux différents ? — Les pourvois à la cour de cassation contre les arrêts des conseils de guerre sont-ils admissibles ? —Pour qui ces pourvois sont-ils admis ? — Quelle est la limite de temps pour l'exécution du jugement d'un conseil de guerre ? — Par qui le pourvoi en cassation d'un condamné est-il reçu ? — Par qui les jugements des conseils de guerre sont-ils exécutés ? — Quelle est la procédure des conseils de guerre et de révision dans les armées en campagne ; — dans les départements et communes en état de siége ?

Qu'entend-on par jugement par contumace ? — Quelles sont les formalités à remplir par un conseil de guerre pour rendre un jugement par contumace ? — Dans quelles circonstances un jugement est-il rendu par défaut ?

—

DEUXIÈME PARTIE

CONNAISSANCES SPÉCIALES

SUIVANT L'ARME

A LAQUELLE LES CANDIDATS SE DESTINENT

—

1re SECTION

CAVALERIE

Service en campagne.

TITRE III. — **Camp de cavalerie.** (Art. 42). — Combien y a-t-il de files de baraques pour un escadron ? — Comment détermine-t-on l'espace qui sépare les baraques ? — De quelle manière les chevaux sont-ils placés ? — Quel est l'espace occupé par chaque cheval ? — Où et comment place-t-on les baraques des officiers commandants et des officiers supérieurs ? — Où place-t-on les équipages et leurs chevaux ?

Titre VIII. — **Chevaux menés à l'abreu-voir.** (Art. 93.) — Combien de fois mène-t-on les chevaux à l'abreuvoir? — De quelle manière les fait-on boire? — Quelles sont les dispositions à prendre pour les chevaux des grand'gardes; — pour ceux des petits postes?

Titre XII. — **Marche de la cavalerie.** (Art. 124.) — Quand fait-on marcher la cavalerie avec l'infanterie? — Comment la cavalerie isolée marche-t-elle? — Quand bride-t-on les chevaux pour le départ?

Titre XV. — **Dispositions plus particu-lières à la cavalerie.** (Art. 152.) — Comment répartit-on les gîtes de la cavalerie au point de vue des distributions? — De quelle manière les officiers rationnent-ils les fourrages? — Comment réunit-on la paille des camps? — Quels sont les devoirs des officiers commandant un village, pour assurer la distribution des fourrages?

Titre XIX. — **Service de la cavalerie dans les siéges.** (Art. 206.) — De quelles maniè-res emploie-t-on la cavalerie au service des tran-chées? — Comment utilise-t-on la cavalerie pour

les assauts ; — pour les détachements ; — pour
l'escorte des convois ?

Service intérieur des troupes à cheval.

Principes généraux de la subordination.
— Quelle est l'obéissance qui est due aux supérieurs par les subordonnés ? — Quand les réclamations contre un ordre donné sont-elles per-
mises ? — Quels sont les devoirs des supérieurs
vis-à-vis de leurs subordonnés ? — Qu'entend-
on par subordination de grade à grade ? —
Quels en sont les degrés ? — Qu'est-ce que la
subordination à l'ancienneté ? — Comment les
officiers généraux doivent-ils veiller à la bonne
harmonie et à l'entente des corps de l'armée entre eux ?

TITRE Ier.

Chap. XI. — Capitaine-commandant. —
Quels sont les devoirs généraux du capitaine-
commandant d'un escadron ? — Quelle est sa
responsabilité pour l'administration de l'esca-

6

dron et pour la conduite des hommes ? — Comment un escadron est-il divisé pour le service intérieur ?

Qu'est-ce que le prêt ? — Qu'appelle-t-on dépenses de l'ordinaire ; — centimes de poche ? — Comment les dépenses sont-elles réparties suivant la situation des hommes ? — Quels sont les devoirs du capitaine-commandant pour les effets des hommes à l'hôpital ou en congé ; — pour ceux des hommes décédés ; — relativement au harnachement des chevaux douteux ?

Comment le capitaine-commandant surveille-t-il la comptabilité de son escadron ? — Comment procède-t-il à l'administration de la masse individuelle ? — Qu'est-ce que la commission des marchés ? — Qu'entend-on par revue des effets ? — Comment répare-t-on ou remplace-t-on les effets ? — Quels sont les services payés dans un escadron ? — Comment répartit-on les dépenses du perruquier ; — celles du ferrage ?

De quelle manière le capitaine-commandant veille-t-il au pansage des chevaux ; — à leur répartition ? — Quels rapports doit-il faire au chef d'escadron ? — Quelles sont les attributions du capitaine-commandant, en cas de partage de l'escadron ; — en cas d'absence du chef d'escadron ?

Chap. XII. — **Capitaine en second.** —Quels sont les devoirs généraux du capitaine en second? — Quels sont ses rapports avec le capitaine-commandant? — Quels sont ses devoirs en l'absence du capitaine-commandant? — Qu'entend-on par service de semaine? — Comment est-il réparti entre les officiers? — Quels sont les devoirs de l'officier de semaine pour la conduite des corvées; — pour la surveillance des denrées; — pour l'envoi du fourrage au magasin?

Chap. XIII. — **Lieutenant et sous-lieutenant.** — Quelles sont les attributions des officiers de peloton?—Quels sont leurs devoirs pour la conservation des effets; — la tenue des chambres; — les revues mensuelles; — la visite des chevaux; — la répartition des ordinaires; — l'instruction des recrues? — Qu'entend-on par service de semaine? —Quels sont les devoirs de l'officier de semaine aux écuries; — aux appels; — à l'abreuvoir; — pour les gardes; — pour le rassemblement d'une partie de l'escadron?

Chap. XIV. — **Officiers à la suite.** — Qu'entend-on par officiers à la suite ? — Quelles en sont les fonctions ? — Quels officiers sont-ils appelés à remplacer ? — Où place-t-on de préférence les officiers à la suite ?

Chap. XV. — **Adjudant.** — Quelles sont les fonctions des adjudants relativement au service et à la discipline ? — Quelles sont les fonctions des adjudants relativement à l'introduction des étrangers dans le quartier ?

Comment le service est-il réparti entre les adjudants d'un régiment ? — Comment l'adjudant établit-il les rapports entre le régiment et la place ? — Quels sont les devoirs des adjudants relativement à la police militaire de la garnison ?

Quels sont les devoirs d'un adjudant dans le service général de semaine ? — Comment surveille-t-il les sous-officiers et les brigadiers ?

Quels sont les devoirs des adjudants pour l'exécution des batteries ? — Combien y a-t-il de batteries réglementaires ? — Quelles sont-elles ? — Comment l'adjudant transmet-il les ordres aux escadrons et aux officiers de semaine ?

Que fait l'adjudant à la réunion de la garde? — Comment forme-t-il les postes? — Comment passe-t-il l'inspection des sous-officiers de semaine? — Comment les adjudants surveillent-ils la propreté du quartier? — De quelle manière surveillent-ils le service des hommes détenus et des consignés? — Quels sont les devoirs de l'adjudant, quand un officier supérieur visite le quartier?

Chap. XVI. — **Vaguemestre.** — Quelles sont les fonctions du vaguemestre? — Par qui les commissions du vaguemestre sont-elles visées? — Comment les registres du vaguemestre sont-ils vérifiés dans les corps au complet; — dans les détachements? — A qui le vaguemestre remet-il les lettres destinées à la troupe? — Comment procède-t-il à la remise des mandats de poste et des lettres chargées? — Par qui le vaguemestre fait-il signer l'état des sommes reçues?

Quelle est la conduite du vaguemestre relativement aux lettres de rebut; — à l'argent adressé à des absents? — Comment les réclamations au sujet des lettres sont-elles transmises?

Chap. XVIII. — **Maréchal des logis chef.**
6.

— Quels sont ses devoirs généraux ? — A quels points sa responsabilité s'étend-elle ? — Quelles vérifications doit-il faire à son entrée en fonctions ? — Comment touche-t-il et distribue-t-il le prêt à l'escadron ? — Comment tient-il la comptabilité de l'escadron ? — Quel est le modèle des registres de punitions ?

Comment veille-t-il aux effets des recrues ? — Que fait-il relativement aux effets des hommes envoyés à l'hôpital ; — partis en congé ; — en état de désertion ? — Comment les effets des hommes rentrant après une absence sont-ils vérifiés ?

Quels placards le maréchal des logis chef fait-il afficher sur les portes des chambres au quartier ? — Quelles affiches doit-il faire placer dans les chambres ? — Quels sont ses devoirs relative- ment aux hommes malades à la chambre ?

Comment se fait-il rendre compte des appels dans les chambres par les sous-officiers et les brigadiers ? — A quels appels doit-il assister ? — Que fait le maréchal des logis chef pour la garde montante ? — Comment transmet-il au capitaine les demandes des sous-officiers et des cavaliers ?

— De quelle manière accorde-t-il des remplacements pour le service ? — Comment les prix des remplacements de service sont-ils fixés ?

Chap. XIX. — **Maréchal des logis.**— Quelles sont ses fonctions générales ? — Combien y en a-t-il de sortes ? — Quelles sont les fonctions des maréchaux des logis de pelotons ? — Qu'est-ce que le livret et le contrôle ?

Comment surveille-t-il les chambrées ? — De quelle manière veille-t-il aux soins de propreté du linge et des hommes ? — Que fait-il quand la compagnie est rassemblée ? — Comment fait-il ses rapports à l'officier de peloton ?

Qu'appelle-t-on maréchal des logis de semaine ? — Aux ordres de qui est-il placé ? — Quelles sont ses fonctions aux appels ; — à la visite du médecin ; — pour le rassemblement des classes d'instruction et des corvées ; — pour l'inspection des hommes de service ; — pour la garde montante ; — pour le prêt ; — relativement aux détenus et aux malades de l'infirmerie ? — Comment surveille-t-il la propreté du quartier ? — Comment est-il remplacé dans les cas où il est obligé de s'absenter du quartier ?

Chap. XX. — **Fourrier.** — Sous les ordres de qui le fourrier est-il placé? — Quelles sont ses fonctions spéciales? — Quels sont les devoirs du fourrier pour les corvées et les distributions? — Comment le fourrier tient-il le livre d'ordres? — Quelles sont les fonctions du fourrier de semaine? — Comment communique-t-il les ordres? — Par qui le fourrier est-il remplacé? — Comment est-il secondé?

Chap. XXI. — **Brigadiers.** — Quels sont les devoirs généraux des brigadiers pour la surveillance des soldats; — pour l'observation de la discipline; — pour le prêt; — pour l'instruction des recrues? — Quels sont leurs priviléges? — Quelle est la manière de panser un cheval?

Qu'appelle-t-on brigadier de chambrée? — Quels sont ses devoirs? — A qui le brigadier adresse-t-il ses rapports? — Comment le brigadier de chambrée est-il remplacé en cas d'absence?

Qu'est-ce que le brigadier chef d'ordinaire? — Qu'est-ce que le livret d'ordinaire?—Comment et quand le livret d'ordinaire est-il vérifié? —

Peut-on faire des décomptes sur l'argent de l'ordinaire?

Qu'appelle-t-on brigadier de semaine? — Quelles sont ses principales fonctions? — Comment veille-t-il à la propreté du quartier?

Chap. XXII. — **Cavaliers de première classe.** — Comment sont-ils choisis? — De quelle manière sont-ils astreints au service et aux corvées?

TITRE II.

Chap. XXV. — **Rapport Journalier.** — Qu'appelle-t-on rapport journalier? — Sur quel modèle établit-on le rapport journalier? — Quelles sont les formalités à remplir pour la lecture du rapport? — Par qui les décisions sont-elles rendues sur les objets contenus au rapport? — Comment les officiers sont-ils instruits des décisions du rapport? — Comment fait-on le rapport, quand un régiment occupe plusieurs casernes dans une même ville? — Par qui le rapport est-il présidé?

Chap. XXVI. — **Marques extérieures de**

respect. — Quels sont les devoirs généraux de déférence et de respect dus par les militaires des différents grades ? — Quelle est la forme du salut des officiers ; — de celui des sous-officiers et des soldats ? — Le salut doit-il être répété dans une promenade publique ?

Quels sont les fonctionnaires militaires ou civils qui ont droit au salut ?

Chap. XXIX. — **Garde de police.** — Quelles sont les dispositions générales de la consigne de la garde de police ? — De qui reçoit-elle des consignes verbales ; — des consignes écrites ? — Où affiche-t-on la consigne ?

Quels sont les devoirs du maréchal des logis de garde ? — Quelle est sa responsabilité ? — Quels sont ses devoirs après la retraite ? — Comment la garde défère-t-elle aux réquisitions de l'autorité ? — Qu'est-ce que le registre des rapports journaliers ? — Quels sont les devoirs d'un officier quand il commande la garde de police ?

Quels sont les devoirs généraux du brigadier de garde ; — du trompette de garde ? — Quels sont les devoirs de la sentinelle ?

Chap. XXX. — **Consigne des gardes d'écurie.** — Qu'appelle-t-on garde d'écurie?—Quelle en est la tenue? — Comment fait-on prendre les repas des chevaux? — Quelle est la police intérieure des écuries? — Comment est-il rendu compte des accidents et des indispositions des chevaux? — Comment les officiers visitent-ils les ustensiles des écuries?

Chap. XXXIII. — **Cavaliers employés chez les officiers.** — Dans quels cas les officiers peuvent-ils employer des cavaliers pour leur service personnel? — Comment ces hommes sont-ils choisis?—De quels genres de service sont-ils exemptés? — Quelle est la tenue que les employés des officiers doivent porter? — Dans quel cas le service des cavaliers est-il payé et comment l'autorisation est-elle accordée?

Chap. XXXIV.—**Tenue.**—Combien distingue-t-on de tenues dans les régiments de cavalerie? —Qu'appelle-t-on tenue du matin; — tenue du jour; — grande tenue? — Quelle est la tenue pour les hommes de service? — Comment la tenue est-elle réglée pour les exercices? — Quels sont les hommes dispensés de la tenue?—Quelle est la manière réglementaire de porter les cheveux et les moustaches?

Quelle est la manière de porter les habits et les effets d'équipement?

De quelle manière les galons indicateurs de grade sont-ils placés?—Comment les militaires portent-ils le deuil?

Chap. XXXVI.— **Permissions.**—Comment et par qui les permissions de la journée sont-elles accordées aux officiers?—Quelle est la manière de rendre compte des permissions?—Comment les permissions pour quitter la garnison sont-elles accordées aux officiers?—Que doivent faire les officiers au retour des permissions qu'ils ont reçues?—Quelles sont les punitions des officiers qui s'absentent sans une permission ou qui en dépassent la limite?

Comment et par qui les permissions sont-elles accordées aux sous-officiers et aux soldats?

Chap. XXXVII.— **Punitions.**—Qu'appelle-t-on fautes contre la discipline?—Quelles sont les principales?—Dans quelles circonstances les fautes contre la discipline sont-elles aggravées?—Quelle conduite doit-on tenir vis-à-vis dés hommes ivres ? — Quels sont les degrés du droit de punir?

Quelle est la nature des punitions auxquelles les officiers peuvent être soumis ? — Quelle est la durée maximum des différents genres de punitions ? — Qu'entend-on par réprimandes ? — Qu'appelez-vous arrêt simple ; — arrêt de rigueur ; — prison ? — Par qui ces différentes punitions peuvent-elles être infligées ? — Comment les punitions des officiers sont-elles ordonnées ?

Quelles sont les dispositions communes aux punitions infligées aux sous-officiers, aux brigadiers et aux soldats ? — Quels sont les officiers qui ont le droit de consigner au quartier la totalité ou une fraction d'une troupe?

Dans quels cas les sous-officiers et les brigadiers peuvent-ils être suspendus ou cassés de leur gradè ?—Comment les plaintes doivent-elles être formulées ? — Par qui la suspension ou la cassation sont-elles prononcées ? — Quelles sont les formalités à remplir dans de semblables circonstances?

Chap. XXXVIII. — **Réclamations.** — Quelles

sont les réclamations admises ? — Comment les réclamations contre les punitions peuvent-elles être faites ? — A qui sont-elles adressées par les sous-officiers et cavaliers ; — par les officiers ?

Chap. XLIII. — **Dettes.** — Quels sont les devoirs des officiers supérieurs relativement aux dettes contractées par les officiers ? — Comment et dans quelles limites est-il procédé aux retenues sur les appointements ? — De quel ressort sont les poursuites judiciaires pour le recouvrement des créances ?

Que doivent faire les officiers relativement aux dettes contractées par les sous-officiers et les cavaliers ? — Les créanciers ont-ils recours sur la solde ?

Chap. XLIV. — **Routes.** — Quelles sont les dispositions préliminaires à prendre pour les marches militaires ? — Quel est l'officier envoyé en avant du régiment ? — Quelles dispositions doit-il prendre pour préparer les gîtes ?

Quelle est la tenue de route ? — Quelles précautions prend-on pour conserver les registres de la comptabilité des escadrons ? — Quelles sont les mesures prises relativement à la ferrure des chevaux?

Qu'appelle-t-on logement? — Quelle en est la composition? — Quels sont les devoirs du capitaine du logement à l'arrivée à l'étape?

Qu'est-ce que le rassemblement au réveil? — Comment se fait le rappel? — Comment est-il procédé au départ? — De quelle manière les hommes punis sont-ils escortés? — Qu'est-ce que marcher la droite en tête; — la gauche en tête? — Quel est l'ordre à suivre pendant la marche? — Comment place-t-on les trompettes? — De quelle manière les haltes sont-elles annoncées? — Qu'appelle-t-on grandes haltes? — Comment fait-on le rapport pendant les marches?

Qu'est-ce que l'arrière-garde? — Comment est-elle composée? — Quelle en est la mission?

Qu'appelle-t-on ordre à l'arrivée au gîte? — Comment est-il donné? — De quelle manière les escadrons sont-ils conduits à leur logement?

Quels sont les droits des soldats logés chez l'habitant? — Quels sont leurs devoirs? — Comment se font-ils rendre justice? — Quel est le service des officiers de semaine en route? —

Quelles visites font-ils dans les logements ? — Comment est-il procédé à l'appel du soir?

Quand un régiment séjourne dans une localité, quel est le service de la journée?

Sous quels ordres les équipages du régiment sont-ils placés? — Par qui sont-ils gardés pendant la route; — au logement? — De quelle manière procède-t-on au chargement des voitures?

Chap. XLV. — **Détachements.** — Comment les détachements sont-ils ordinairement composés? — De quelle manière le tour de service des détachements est-il organisé? — Quelle est l'autorité d'un chef de détachement? — Par qui est-il remplacé en cas d'empêchement? — Comment la comptabilité d'un détachement est-elle organisée?

Chap. XLVI. — **Escortes.** — Quels sont les devoirs du commandant d'une escorte d'honneur?

Comment doit-on procéder pour organiser l'escorte d'un convoi? — Dans quelles circonstances divise-t-on le convoi? — Dans quel ordre les voitures doivent-elles marcher? — Que fait-on lorsqu'une voiture ne peut plus continuer sa route? — Quand peut-on faire des haltes?

De quelle manière divise-t-on l'escorte d'un convoi de prisonniers? — Quelle est la surveillance exercée pendant la route; — pendant les haltes?

Hippologie.

Age. — Quels sont les signes extérieurs auxquels on peut reconnaître l'âge d'un cheval? — Quelle est l'influence de l'âge sur la dentition des chevaux? — Combien distingue-t-on de sortes de dents chez un cheval? — Quel est l'ordre d'évolution des dents? — Qu'entend-on par rasement des dents; — usure des dents? —Donnez les caractères de la dentition d'un cheval à chacune de ses années, depuis l'âge de quatre ans. — Que veut dire cette expression qu'un cheval a cessé de marquer? — Quelles sont les ruses employées par les maquignons pour rajeunir ou vieillir leurs chevaux?

Robes. — Qu'entend-on par robe d'un cheval? — Quels sont les signes particuliers qui permettent de distinguer les robes? — Qu'appelle-t-on robes simples? — Quelles sont les principales? — Qu'est-ce qu'une robe composée ? — Quels sont les principaux mélanges de couleurs qui forment les robes composées ? — Qu'appelle-t-on miroituré ; — pommelure ; — zébrure ? — Comment désigne-t-on les marques particulières de la tête ; — du tronc ; — des membres ? — Qu'appelle-t-on signalement d'un cheval ?

Tares. — Qu'est-ce qu'une tare ? — Qu'appelle-t-on tares dures et tares molles ?—Quelles sont les principales tares dures? — Comment les reconnaît-on ? — Qu'est-ce qu'une tare molle ? — Quelles sont les principales ? — Comment reconnaît-on la boiterie d'un cheval ?

Ferrure. — Quelle est la constitution du pied d'un cheval ? — Comment désigne-t-on les différentes parties ? — Quelles sont les caractères des belles conformations du pied ; — des défauts du pied ? — Qu'est-ce que la ferrure ? — Comment ferre-t-on un cheval ? — Qu'appelle-t-on parer le pied ? — Quel est le meilleur système de ferrure ?

Nourriture. — Comment les chevaux de troupe sont-ils nourris ? — Quelle est la quotité de la ration de fourrage ? — Quels sont les caractères d'un bon foin ? — Qu'appelle-t-on nourriture verte ? — Quel est l'emploi de l'avoine ; — de la paille ?—Comment fait-on boire les chevaux ?

Maladies. — Qu'entend-on par vices rédhibitoires ? — Quelles sont les principales causes des maladies des chevaux ? — Indiquer les caractères des principales maladies extérieures des chevaux. — Qu'est-ce que la gourme ? — Quels soins doit-on donner aux chevaux malades ?

Hygiène. — Quels sont les soins principaux qui doivent être donnés aux chevaux au repos? — Qu'est-ce que le pansage? — Comment opère-t-on le pansage ?— Quel est l'usage des bains et comment les fait-on prendre ?—Quelles sont les conditions de bonne hygiène dans les écuries? — Quelles règles doit-on suivre pour le travail des chevaux? — Indiquer les règles d'hygiène à suivre en route ; — en campagne.

Manœuvres à pied.

(Règlement du 5 Mars 1872).

Titre Ier. — **Bases de l'instruction.** — Art. 1er. — *Définitions et principes généraux.*

— Qu'appelle-t-on troupe; — rang; — file; — chef de file; — serre-file; — front; — centre; — aile; — flanc; — hauteur; — intervalle; — distance; — profondeur; — alignements? — Qu'est-ce qu'un peloton; — une division; — un escadron? — Qu'appelle-t-on points de direction; — guides; — conversion; — demi-tour; — allures; — marches; — charges; — évolutions; — temps; — sonneries?

Art. 2. — Quelle est la place des officiers, des sous-officiers et brigadiers dans un escadron en bataille? — Quelles sont les dispositions particulières pour les revues? — Comment les officiers saluent-ils avec le sabre?

Art. 3. — Indiquer la place des officiers, des sous-officiers et des brigadiers dans un escadron en colonne par deux ou par quatre; — par pelotons; — par divisions?

Art. 4. — Qu'appelle-t-on commandement? — Combien y a-t-il d'espèces de commandements? — Indiquer les principales intonations pour les commandements qui servent de types.

Art. 7. — Quelle est la manière de paqueter les effets dans le porte-manteau? — Comment roule-t-on le manteau ? — Quelle est la manière d'ajuster une selle ; — de seller ? — Qu'appelle-t-on paquetage de derrière ? — Comment bride-t-on un cheval ? — Comment le débride-t-on ? — Comment défait-on la charge ?

Combien y a-t-il de mors ? — Comment place-t-on l'embouchure à un cheval ? — Qu'est-ce que la gourmette ? — Quelles sont les conditions d'une embouchure bien ajustée ?

TITRE II. — **École du cavalier à pied.** —

(L'école du cavalier à pied comprend quatre leçons qui sont enseignées sur le terrain. Le texte doit être appris littéralement par les candidats officiers. C'est pourquoi nous nous bornerons à indiquer les articles qui composent chaque leçon).

1ʳᵉ **Leçon.** — Travail du cavalier sans armes : 1ʳᵉ partie, position du cavalier à pied ; tête à droite ou à gauche ; à droite ou à gauche ; demi-tour à droite ; quart d'à droite. — 2ᵉ partie, pas accéléré ; marquer le pas ; changer le pas ; à droite ou à gauche en marchant ; demi-tour à droite en marchant ; quart d'à droite ou à gauche en marchant ; pas en arrière ; pas gymnastique.

7.

2ᵉ Leçon. — Travail du cavalier armé du fusil : 1ʳᵉ partie, maniement du fusil ; travail de pied ferme et marche avec le fusil. — 2ᵉ partie, charge du fusil ; feux du fusil.

3ᵉ Leçon. — Travail du cavalier armé du sabre : 1ʳᵉ partie, maniement du fusil, les cavaliers ayant le sabre ; maniement du sabre ; travail de pied ferme et marche avec toutes les armes. — 2ᵉ partie, exercice du sabre.

4ᵉ Leçon. — Travail d'application. (L'examen ne comporte que la seconde partie). — 2ᵉ partie, exercices préparatoires de tir ; pratique du tir.

TITRE III. — **École du peloton à pied.** — Art. 1ᵉʳ. — Alignement du peloton. Former le peloton en colonne par le flanc ; marcher en colonne par le flanc ; le peloton étant en colonne par le flanc, le remettre en bataille. Ouvrir et serrer les rangs. Faire reculer le peloton. Le peloton étant en bataille, faire face en arrière. Maniement des armes. Former le peloton sur un rang et le reformer sur deux.

Art. 2. — Former le peloton en colonne par quatre ; marcher en colonne par quatre ; le peloton étant en colonne par quatre, le former en bataille. — Exercice du sabre à files ouvertes.

Art. 3. — Marche directe du peloton en bataille. Des conversions. Marche oblique individuelle. Le peloton marchant en bataille, le rompre en colonne par quatre et le reformer. Le peloton marchant en bataille, le former en colonne par le flanc et le remettre de front sans arrêter. Le peloton marchant en colonne par quatre, le mettre en colonne par le flanc.

Art. 4. — Tirailleurs.

Manœuvres à cheval.

TITRE II. — **École du cavalier à cheval.**— *Travail préparatoire.* — Sauter à cheval et à terre; position du cavalier à cheval; maniement des rênes du bridon; marcher à main droite ou à main gauche; assouplissement de pied ferme et en marchant.

1re Leçon. — Travail en bridon : 1re partie, marcher à cheval et mettre pied à terre; de l'usage et de l'effet des rênes et des jambes; rassembler son cheval; marcher et arrêter; à droite ou à gauche; demi-tour à droite ou à gauche; quart d'à droite ou d'à gauche; marcher à main droite ou à main gauche; allonger le pas et le ralentir; passer du pas au trot et du trot au pas; changement de main; doublé successif; marche circulaire; voltes et demi-voltes successives; allonger le trot et le ralentir; étant de pied ferme, marcher au trot, et étant au trot, arrêter; passer du trot au galop.— 2ᵉ partie, de l'éperon; doublé individuel; demi-tour individuel; oblique individuel; volte et demi-volte individuelles; demi-tour sur les épaules; demi-tour sur les hanches; appuyer à droite ou à gauche; reculer et cesser de reculer; positions du pied dans l'étrier; travail à volonté.

2ᵉ Leçon. — Travail en bride : 1ʳᵉ partie, monter à cheval et mettre pied à terre; positions de la main de la bride; ajuster les rênes; prendre le filet dans les deux mains; lâcher le filet; des mouvements principaux de la main de la bride; travail de la première leçon avec la bride. — 2ᵉ partie, principes du galop; passer du pas au galop et du galop au pas; passer du trot au galop et du galop au trot; étant de pied ferme, marcher au galop et, marchant au galop, arrêter;

travail au galop sur des lignes droites et en cercle; changement de pied; saut d'obstacles; travail à volonté.

3ᵉ Leçon. — Travail avec les armes : 1ʳᵉ partie, monter à cheval et mettre pied à terre; travail de la deuxième leçon avec le sabre seulement; maniement des armes de pied ferme; exercice du sabre [de pied ferme. — 2ᵉ partie, travail de la deuxième leçon avec toutes les armes; maniement des armes en marchant; exercice du sabre en marchant; saut d'obstacles; charge individuelle; travail à volonté.

TITRE III. — **École du peloton à cheval.**— Art. 1ᵉʳ. — Monter à cheval, mettre pied à terre et défiler. Alignement du peloton. Ruptures, marche et formation par un. Mêmes mouvements par deux et par quatre. Ouvrir et serrer les rangs. Faire reculer le peloton. Former le peloton sur un rang et le reformer sur deux.

Art. 2. — Dédoublements et doublements à la même allure. Dédoublements et doublements, en doublant l'allure. Exercice du sabre à files ouvertes.

Art. 3. — **Marche directe du peloton en ba-**

taille. Contre-marche. Des conversions. Marche oblique individuelle. Ruptures et formation à la même allure. Mêmes mouvements en doublant l'allure. Maniement des armes et exercice du sabre.

Art. 4. — Charge. Fourrageurs. Tirailleurs. Combat à pied.

———

2me SECTION

ARTILLERIE

Service en campagne.

TITRE Ier. — **Service de l'artillerie.** (Art. 11.)— Les règles du service intérieur sont-elles applicables en campagne? — Indiquer les différents services de l'artillerie en campagne. — Comment et par qui ces services sont-ils organisés?

TITRE III. — **Camp d'infanterie et de cavalerie** (art. 41 et 42) (1). — Quelle est l'orga-

(1) L'examen sur l'article 41 est spécial à l'armée territoriale, et celui sur l'article 42 à la réserve de l'armée active.

nisation d'un camp d'infanterie ? — Combien y a-t-il de rangs de baraques par compagnie ? — De quelle manière sépare-t-on les baraques des bataillons ? — Où place-t-on les chevalets pour les armes ? —Où place-t-on le drapeau ?—Quelle est la place des cuisines ?

Où les officiers supérieurs du régiment ont-ils leurs tentes ? — Où place-t-on la garde de police ; — le poste avancé ?

Pour le camp de cavalerie, *voir plus haut page* 95).

TITRE VIII. — **Chevaux menés à l'abreuvoir.** (Art. 93) (1). — *Voir plus haut, page* 96.

TITRE XIII. — **Devoirs des officiers d'artillerie pour les combats.** (Art. 137.) — Indiquer les principaux devoirs des officiers pour les combats. — Comment organise-t-on les batteries ? — De quelle manière surveille-t-on le service des pièces ?

TITRE XIX. — **Des siéges.** — Quelles sont les principales bases du service des siéges ? —

(1) L'examen sur cet article est spécial à la réserve de l'armée active.

Comment l'ordre général de service est-il organisé ? — Qu'entend-on par gardes de tranchée ; — travail de tranchée ? — Comment le travail de tranchée est-il organisé ? — De quelle manière partage-t-on les sentinelles ? — Comment surveille-t-on la garde des outils de tranchée, des gabions ? — Quelles sont les règles pour les munitions ? — Comment organise-t-on la défense en cas de sortie de l'ennemi ? — De quelle manière dispose-t-on un assaut ? — Quels sont les lieux qui doivent être protégés ?

Titre XX. — **Défense des places.** — Quelle est l'autorité du commandant supérieur en cas de siége ? —Quelle est celle des commandants de citadelles et de forts ? — Quel est le rôle de l'artillerie dans la défense des places ? — Quelles pénalités encourt un commandant qui livre sa place ou qui capitule ?

Service intérieur.

(Le programme est le même que celui de la cavalerie. *Voir pages* 97 *à* 113). Pour l'armée territoriale, le ch. 30 n'est pas compris dans l'examen.

Hippologie.

(Le programme est le même que celui de la cavalerie. *Voir pages* 113 *à* 115).

Manœuvres à pied.

Titre Iᵉʳ. — **Bases de l'instruction.** — Voir les art. 1ᵉʳ à 4, comme pour la cavalerie).

Titre II. — **École du canonnier à pied.** — Comme pour la cavalerie, sauf pour la 4ᵉ leçon, dont le programme de l'artillerie comporte la 1ʳᵉ partie, escrime à la baïonnette. (*Voir page* 117).

Titre III. — **École du peloton à pied.** — Mêmes exercices que pour les trois premiers articles de l'école du pelotion pour la cavalerie. (*Voir page* 118.)

Manœuvres à cheval.

Titre II. — **Ecole du canonnier à cheval.** — (Mêmes exercices que pour l'école du cavalier à cheval, pages 119 à 121).

Manœuvres des batteries attelées.

TITRE Ier. — **Bases de l'instruction.** —
Art 1er. Formation d'un régiment dans l'ordre
en bataille. Place des officiers, sous-officiers et
brigadiers dans la batterie. Composition de la
réserve de la batterie. Rassemblement d'une
batterie avec ses pièces.

Art. 2. Ordre en colonne par pièce et par section. Place des officiers, sous-officiers dans la
batterie.

Art. 3. Ordre en batterie. Place des officiers,
sous-officiers et brigadiers dans la batterie. Dispositions sur le champ de bataille.

Art. 5. Instruction pour harnacher les chevaux de trait (1).

Art. 7. Définitions et principes particuliers à
l'arme de l'artillerie.

Art. 8. Modifications à apporter aux bases de
l'instruction, lorsque les batteries d'un régiment

(1) Cette partie est spéciale aux candidats officiers
pour la réserve de l'armée active.

attèlent du canon de 12 rayé de montagne (1).

Art. 9. Modifications concernant les batteries mixtes formées par l'artillerie à pied et les escadrons du train (2).

Art. 10. Mesure des éléments et des formations de chaque espèce de batterie de manœuvres.

Titre II. — **École du canonnier conducteur. — Ecole de section.** — (Les principes sont les mêmes que pour la conduite des voitures du train des équipages, page 132).

Manœuvres d'Artillerie

(Règlement du 17 Avril 1869)

Les bouches à feu en service ont été classées, d'après leurs affûts, en six classes. Le règlement a suivi la même classification et il comprend les parties suivantes :

Titre Ier. Service des bouches à feu sur affûts de campagne.

(1) Cette partie est spéciale à la réserve de l'armée active.

(2) Cette partie est spéciale à l'armée territoriale.

Titre II. Service du canon de 4 rayé de montagne.

Titre III. Service des bouches à feu sur affûts de siége.

Titre IV. Service des bouches à feu sur affûts de place.

Titre V. Service des bouches à feu sur affûts de côté.

Titre VI. Service des mortiers.

Titre VII. Mouvements de matériel.

Chacun des six premiers titres comprend cinq articles intitulés : 1° école du peloton de la pièce (service d'une pièce isolée) ; — 2° école de la batterie (service de plusieurs pièces réunies); — 3° tir ; — 4° munitions ; — 5° nomenclature explicative du matériel.

Le titre premier comprend, en outre, deux articles spéciaux : l'un est l'école du canonnier servant, et il a pour objet l'instruction des quatre principaux servants et il forme la base de l'instruction individuelle; le second traite des manœuvres de force de campagne, savoir : changer une roue, descendre la pièce de son affût, la monter, brêler la pièce à l'avant-train et la débrêler, descendre et monter les coffres.

L'école du canonnier servant comprend deux leçons. La première résume les fonctions du premier servant de droite; la seconde, celles des premiers servants, du pointeur et du pointeur-servant réunis. — La charge comprend cinq opérations : disposer la pièce pour la charge; écouvillonner la pièce; la charger; la pointer; mettre le feu.

Le titre VII (mouvements du matériel), se divise en trois parties. La première a pour objet d'enseigner les meilleurs procédés de mouvements de matériel qui s'opèrent ordinairement avec les agrès les plus simples ou même uniquement à bras. La seconde partie enseigne la manœuvre de la chèvre à déclic, du cric, de la chèvre de tranchée et du triqueballe. La troisième partie a pour but d'enseigner les meilleurs procédés d'exécution de mouvements de matériel qui ne s'opèrent avec les agrès seulement qu'à défaut de machines. Un appendice donne la connaissance du palan, du cabestan, etc.

— Outre les règlements ordinaires sur le service des bouches à feu, les candidats officiers doivent également étudier avec le plus grand soin le règlement du 29 juillet 1873 sur le service du canon de 7 rayé se chargeant par la culasse.

3ᵉ SECTION

TRAIN D'ARTILLERIE

Service en campagne.

TITRE III. — **Camp de cavalerie.** (Art. 42). — Voir plus haut, p. 95.

Service intérieur.

Le programme est le même que pour la cavalerie. (Voir plus haut, pages 97 à 113.)

Hippologie.

Le programme est le même que pour la cavalerie. (Voir plus haut, pages 113 à 115.)

Manœuvres à pied et à cheval.

Même programme que pour l'artillerie. (Voir page 125.)

Manœuvres des batteries attelées.

TITRE Iᵉʳ.—Art. 1 à 3 et 5 à 10. Comme à l'artillerie. (Voir page 126.)

Titre II. — **École du canonnier-conducteur.** Comme à l'artillerie. (Page 127.)

Manœuvres des batteries attelées.

L'examen comporte, comme pour l'artillerie, l'étude des règlements du 17 avril 1869 et 29 juillet 1873 (voir page 126); mais il n'est exigé des candidats que des notions succinctes sur le service des bouches à feu, à âme lisse ou rayée, ainsi que sur les mouvements du matériel.

———

4º SECTION

TRAIN DES ÉQUIPAGES

Service en campagne.

Titre III. — **Camp de cavalerie (Art 42).**— (Voir page 95.)

Service intérieur.

Le programme est le même que pour la cavalerie. (Voir pages 97 à 113.)

Hippologie.

Même programme que pour la cavalerie. (Pages 113 à 115.)

Manœuvres à pied et à cheval.

Même programme que pour l'artillerie. (Page 125.)

Conduite des voitures.

TITRE Ier. — **Bases de l'instruction.** — De quelle manière l'instruction est-elle organisée ? — Indiquer la division, l'ordre et la progression du travail en été et en hiver. — Quelle est la gradation de l'instruction ? — Quelles sont les principales sonneries ? — Indiquer les règles de rassemblement d'un escadron du train des équipages : à pied ; — avec ses chevaux ?—Comment salue-t-on avec le sabre ?

TITRE IV. — **Nomenclature du harnachement.** — Selle ; croupières ; couverture ; bride de cheval ; licol ; mors ; harnais d'attelage ; collier ; traits ; sous-ventrière ; manière de placer les harnais dans les selleries ; manière de plier la couverture et de la placer ; harnacher et déharnacher ; observations sur la manière dont le harnais doit être ajusté ; transformer les traits de devant en traits de derrière et réciproquement; dressage des jeunes chevaux de trait.

École du cavalier-conducteur. Ire partie. Amener les chevaux sur le terrain; monter à cheval; ajuster les rênes; usage de la longe et du fouet; rassembler les chevaux; marcher; arrêter; à droite ou à gauche; demi à droite ou demi à gauche; reculer et cesser de reculer; marcher à main gauche ou à main droite; tourner à gauche ou à droite en marchant; arrêter et repartir; passer du pas au trot et du trot au pas; changement de main; à gauche ou à droite par cavalier en marchant; étant de pied ferme, partir au trot; étant au trot, arrêter; passer du trot au grand trot et du grand trot au trot; mettre pied à terre; défiler.

2e partie. — Disposition des attelages; rompre par attelage; entrer au parc; atteler; rompre le parc; marcher; arrêter; à droite et à gauche; demi-tour à gauche; demi à gauche et à droite; reculer; cesser de reculer; reculer à droite ou à gauche; marcher à main gauche ou à main droite; tourner à gauche ou à droite en marchant; arrêter et repartir; passer du pas au trot et du trot au pas; changement de direction dans la longueur du manége ou dans la largeur ; changement de direction oblique par voiture (mêmes mouvements que précédemment par voiture) ; former le parc ; dételer ; sortir du parc ; former les attelages en bataille.

Ecole du conducteur du mulet de bât. — Charger et décharger les mulets avec des sacs ayant plus ou moins de 65 centimètres de haut ; service des cantines ; chargement des caisses à biscuits ; observations générales sur le service des mulets de bât ; service des ambulances ; charger et décharger les litières.

Service du train des équipages aux armées. — Quels sont les services du train des équipages aux armées en campagne ? — Quelle est l'organisation des convois ? — Comment en régularise-t-on la marche pour les compagnies montées ; — pour les compagnies légères ? — De quelle manière pare-t-on aux accidents qui peuvent survenir en route ? — indiquer les moyens d'adapter le harnachement réglementaire à l'attelage des voitures irrégulières.

TROISIÈME PARTIE

SUPPLÉMENT POUR LES ASPIRANTS

AU GRADE DE CAPITAINE

DANS L'ARMÉE TERRITORIALE.

1re SECTION

CAVALERIE

Service intérieur des troupes à cheval.

TITRE Ier. — Chap. VI. — **Adjudant-Major.** — Quelles sont les attributions des adjudants-majors? — Quels sont leurs devoirs relativement à la police des garnisons, quand il n'y a pas d'état-major de place? — Par qui l'adjudant-major est-il remplacé en cas d'absence?

Quels sont les devoirs généraux de l'adjudant-major dans le service de semaine ? — Quels contrôles doit-il tenir ? — Quel est son rôle pour la réunion des détachements et des piquets ; — pour celle des classes d'instruction ; — pour l'inspection des postes du quartier ; — pour la promenade des chevaux ? — Que fait l'adjudant-major quand un officier supérieur visite le quartier ?

TITRE II. — Chap. XXVIII. — **Réception des officiers, des sous-officiers et des caporaux.** — Quelles sont les nominations qui sont mises à l'ordre du régiment ? — Par qui et de quelle manière les officiers des différents grades sont-ils reçus ? — Devant quelles réunions les officiers sont-ils reçus ? — Quelle est la formule de réception ?

Comment est-il procédé dans les escadrons à la réception des sous-officiers et des brigadiers ? — Comment les adjudants sont-ils reçus ?

Chap. XXXV. — **Revues.** — Quels sont les honneurs à rendre dans un régiment aux officiers généraux inspecteurs ? — Comment sa garde est-elle composée ? — Comment est-il procédé par le général inspecteur à la revue d'ensemble ;— à la revue de détail ? — Qu'appelle-t-on ordre de l'inspecteur général ?

Comment est-il procédé aux revues mensuelles et trimestrielles des généraux ? — Quelles sont les revues passées par les intendants militaires ?

Chap. XL. — **Conseils de discipline.** — Qu'est-ce que l'envoi aux compagnies de discipline ? — Quelle est la procédure à suivre pour demander l'envoi d'un cavalier aux compagnies de discipline ?

Chap. XLII. — **Assiette du logement ; casernement.** — Qu'entend-on par assiette du logement ? — Comment le logement est-il établi dans une garnison : pour les escadrons ; — pour le petit état-major ; — pour l'escadron hors rang ? — Comment procède-t-on à l'établissement de l'état des lieux ? — Quand la réception des fournitures de couchage a-t-elle lieu ?

Qu'est-ce que le registre des bons de fournitures ? — Comment est-il établi ? — Quel est le but de la visite trimestrielle du casernement ? — Comment est-il procédé au changement des draps de lits ; — au nettoyage des cheminées ?

8.

De quelle manière procède-t-on à la remise du casernement, au départ d'une garnison?

Chap. XLII. — **Tables.** — Comment les tables des officiers sont-elles organisées dans un régiment? — Par qui leur organisation est-elle surveillée? — Quelle est la manière dont sont formées les tables des adjudants et celles des sous-officiers? — Dans quelles circonstances les sous-officiers vivent-ils à l'ordinaire?

Quelles sont les prescriptions du règlement relativement aux repas de corps?

Manœuvres.

(Règlement du 5 Mars 1872).

TITRE I.—**Bases de l'instruction.**—Art. 1er. — Définitions en principes généraux.

Art. 2. — Formation d'un régiment de six escadrons dans l'ordre en bataille.

Art. 3. — Formation d'un régiment de six escadrons dans l'ordre en colonne.

Art. 4. — Du nombre, du choix et des devoirs des instructeurs.

Art. 5. — Division, ordre et progression du travail.

Art. 6. — Gradation de l'instruction.

Art. 7. — L'instruction pour paqueter, seller et desseller. De l'embouchure.

Art. 8. — Voltige.

Art. 9. — Méthode pour dresser les jeunes chevaux.

Art. 10. — Sonneries.

TITRE IV. — **École de l'escadron à cheval.** —Art. 1er. —Alignement de l'escadron. Rupture, marche et formation par quatre. Ouvrir et serrer les rangs. Former l'escadron sur un rang et le reformer sur deux. Régler la vitesse des allures.

Art. 2. — Former l'escadron en colonne avec distance, marcher en colonne avec distance et reformer l'escadron en bataille sur un de ses flancs. Rupture, dédoublements, doublements et formations à la même allure. Mêmes mouvements, en doublant l'allure. Rompre par pelotons à droite, tête de colonne à gauche ou à droite, et reformer l'escadron en bataille sur le prolongement en avant de ses flancs. Rompre et reformer l'escadron en avant de son front. Rompre par la droite pour marcher vers la gauche, et reformer l'escadron sur la tête de la colonne, face en arrière en bataille. Rompre en arrière par la droite pour marcher vers la gauche, et reformer l'escadron sur la queue de la colonne, face en arrière en bataille.

Art. 3. — Marches de l'escadron en bataille. Contre-marches. Des conversions. Marches obliques. Ruptures et formations de la même allure. Mêmes mouvements en doublant l'allure. Passages d'obstacles.

Art. 4. — Charges. Tirailleurs. Combat à pied.

2ᵉ SECTION

ARTILLERIE

Service intérieur.

Même programme que pour la cavalerie (pages 135 à 138).

Manœuvres.

TITRE IV. — **École de l'escadron.** — Même programme que pour la cavalerie (pages 138 à 140), à l'exception de l'article 4 qui n'existe pas dans les manœuvres de l'artillerie.

Cours spécial.

Le cours comprend des notions sur les fortifications, sur l'emploi de l'artillerie dans l'attaque et les défense des places, dans les armées, etc. C'est le développement des parties de ce questionnaire relatives à la fortification et à l'artillerie. (Voir plus haut pages 48 à 59 et 66 à 72).

3° et 4° SECTIONS

TRAIN D'ARTILLERIE

ET

TRAIN DES ÉQUIPAGES

Le programme est le même que pour la cavalerie, relativement au service intérieur et aux manœuvres.

Les deux questionnaires que nous avons consacrés aux examens de l'armée territo-

riale et de la réserve de l'armée active, ne contiennent aucune partie concernant le **génie**. *Le programme de cette arme n'a pas été publié par le ministère de la guerre. Aussitôt qu'il aura paru, nous l'analyserons dans une édition postérieure.*

FIN.

TABLE DES MATIÈRES.

AVERTISSEMENT.   V

1re PARTIE.

Connaissances générales professionnelles.

Règlement sur le service des places.   12
   — sur le service en campagne. . . .   31
Fortification.   48
Topographie.   59
Artillerie.   66
Administration et législation.   72

2e PARTIE.

Connaissances spéciales suivant l'arme à laquelle les candidats se destinent.

CAVALERIE.

Règlement sur le service en campagne. . . .   95
   — sur le service intérieur des troupes
     à cheval.   97
Hippologie.   113
Manœuvres à pied.   115
   — à cheval.   119

ARTILLERIE.

Règlement sur le service en campagne. 122
— sur le service intérieur. 124
Hippologie. 125
Manœuvres à pied. 125
— à cheval. 125
— des batteries attelées. 126
— d'artillerie. 127
Train d'artillerie. 130
Train des équipages. 131

3ᵉ PARTIE.

Supplément pour les aspirants au g..... de capitaine dans l'armée territoriale.

Cavalerie. 135
Artillerie. 140
Train d'artillerie et train des équipages. . . . 141

FIN DE LA TABLE DES MATIÈRES.

SAINT-DENIS. — IMPRIMERIE J. BROCHIN.

122
124
125
125
125
126
127
130
131

135
140
141

9 782019 961565